Soziologie

Forum
der Deutschen Gesellschaft für Soziologie

Heft 2 • 2022

Herausgeber im Auftrag von Konzil und Vorstand der Deutschen Gesellschaft für Soziologie:
Prof. Dr. Dirk Baecker (verantwortlich im Sinne des Presserechts)
Redaktion: Prof. Dr. Sylke Nissen und Dipl. Pol. Karin Lange, Universität Leipzig, Institut für Soziologie, Beethovenstraße 15, D-04107 Leipzig, Tel.: 0341/97 35 648,
E-Mail: soz-red@sozio.uni-leipzig.de (Redaktion) oder dirk.baecker@uni-wh.de (Dirk Baecker)

Vorsitzende der Deutschen Gesellschaft für Soziologie:
Prof. Dr. Paula-Irene Villa Braslavsky, Ludwig-Maximilians-Universität München,
Institut für Soziologie, Konradstraße 6, D-80801 München
E-Mail: paula.villa@lmu.de, Tel.: 089/2180 2441
Geschäftsstelle der Deutschen Gesellschaft für Soziologie:
Marcel Siepmann (Leitung), DGS c/o Kulturwissenschaftliches Institut Essen, Goethestraße 31,
D-45128 Essen, E-Mail: marcel.siepmann@kwi-nrw.de,
Tel.: 0201/1838 138, Fax: 0201/1838 232
Schatzmeisterin der Deutschen Gesellschaft für Soziologie:
PD Dr. Heike Delitz, Universität Bamberg, Fakultät Sozial- und
Wirtschaftswissenschaften, Feldkirchenstraße 21, D-96052 Bamberg
E-Mail: heike.delitz@uni-bamberg.de

Aufnahmeanträge für die DGS-Mitgliedschaft und weitere Informationen unter www.soziologie.de

Die Zeitschrift *Soziologie* erscheint viermal im Jahr zu Beginn eines Quartals. Redaktionsschluss ist jeweils sechs Wochen vorher. Für Mitglieder der DGS ist der Bezug der Zeitschrift im Mitgliedsbeitrag enthalten. Beiträge in der SOZIOLOGIE werden über EBSCOhost Information Services sowie in den Bibliographien von De Gruyter: IBZ und IBR erfasst.

Campus Verlag GmbH, Kurfürstenstraße 49, D-60486 Frankfurt am Main, www.campus.de
Geschäftsführung: Marianne Rübelmann
Programmleitung: Dr. Judith Wilke-Primavesi
Anzeigenbetreuung: Claudia Klinger, Julius Beltz GmbH & Co. KG, Postfach 100154,
D-69441 Weinheim, Tel.: 06201/6007-386, E-Mail: anzeigen@beltz.de
Fragen zum Abonnement und Einzelheftbestellungen: Beltz Medien-Service, Postfach 100565,
D-69445 Weinheim, Tel.: 06201/6007-330, E-Mail: medienservice@beltz.de

Bezugsmöglichkeiten für Nichtmitglieder der DGS:
Jahresabonnement privat 78 €, Studierende / Emeriti 35 €
Jahresabonnement Bibliotheken / Institutionen 118 € print / 177 € digital (nach FTE-Staffel)
Alle Preise zuzüglich Versandkosten. Alle Preise und Versandkosten unterliegen der Preisbindung. Kündigungen des Abonnements müssen spätestens sechs Wochen vor Ablauf des Bezugszeitraums schriftlich mit Nennung der Kundennummer erfolgen.

Druck: Beltz Grafische Betriebe GmbH, Bad Langensalza
Beltz Grafische Betriebe GmbH ist ein klimaneutrales Unternehmen (ID 15985-2104-1001).
ISSN 0340-918X

FSC www.fsc.org MIX Papier aus verantwortungsvollen Quellen FSC® C089473

Klimaneutral Papier ClimatePartner.com/13732-1910-1001

Inhalt

Liebe Kolleginnen und Kollegen,

gesellschaftliche Katastrophen, so hat Lars Clausen festgestellt, sind keine Ereignisse, sondern Prozesse. Sie haben eine Vorgeschichte, einen vielleicht nur uneindeutigen Höhepunkt und ein schlimmes Ende, wenn es nicht gelingt, aus ihrem nicht unbedingt fatalen Ablauf auszusteigen und mithilfe von Abkürzungen in frühere Phasen zurückzugelangen und dort Korrekturen vorzunehmen.

Will man soziologisch auf die Corona-Pandemie oder den Krieg Russlands gegen die Ukraine reagieren, ist man gut beraten, sich an Clausens FAKKEL-Modell zu halten.* Die Katastrophe beginnt, so Clausen, lange bevor sie eintritt. Sie beginnt mit der Friedensstiftung (*F*) durch Rettung vor zentralen Risiken. Es kann nur passieren, was so oder so ähnlich schon einmal passiert ist. Man hat eine Pandemie bekämpft, man hat einen Krieg geführt. Wie und mit welchen Verlusten man das überstanden hat, hält die Geschichtsschreibung fest. Der Soziologie fällt auf, dass die Friedensstiftung die Gesellschaft gespalten hat in die Experten, die wissen, wie man eine Pandemie bekämpft und einen Krieg führt, und die Laien, die erleichtert sind, dass es vorbei ist. Es kommt zu einer Alltagsbildung (*A*), die sich einbildet, es ab sofort mit normalen Verhältnissen zu tun zu haben, und wenig später zu einer Klassenbildung (*K*), in der die Facheliten ihre gewonnenen Privilegien schützen, indem sie das Wissen um die Risiken monopolisieren und geheim werden lassen. Der überstandene Stress schützt diejenigen, die geholfen haben, ihn zu überstehen, und wiegt diejenigen in einer etwas ungläubigen Sicherheit, die verschont wurden.

So glaubten wir uns in jener friedlichen europäischen Nachkriegszeit medizinisch und militärisch geschützt, ohne nachzufragen, ob biologische und menschliche Akteure das möglicherweise anders sehen. Ein Infektionsschutzgesetz auf der einen Seite und ein Verteidigungsbudget auf der anderen Seite schienen Garantie genug, um Übergriffen in die Wildnis ebenso wie militärischen Eigeninteressen freien Lauf zu lassen. Wer es wissen wollte, konnte es wissen, doch viel attraktiver war das Vertrauen auf einen friedlichen Fortschritt.

* Lars Clausen 1994: Krasser sozialer Wandel. Opladen: Leske + Budrich.

Die Sollbruchstelle im Übergang zur nächsten Phase der gesellschaftlichen Katastrophe, dem Eintritt der Katastrophe (*K*), ist ein allen zur Verfügung stehendes und doch von niemandem genutztes Wissen, so als sei der gesellschaftliche Zustand in der Aufspaltung in Experten und Laien eingefroren. Dafür ist es noch nicht einmal erforderlich, dass man genauer wüsste, wer die Expert:innen und wer die Laien sind. Selbst die Klassenbildung, von der Clausen spricht, sortiert nicht unbedingt die Leute, sondern schafft jenen blinden Fleck, unter dem alle, und alle wissen es, zu leiden haben. Man hat sich geholfen und ist paradoxerweise genau deswegen hilflos.

Also tritt mit der Liquidation aller Werte (*L*) die letzte Phase der Katastrophe ein, das Ende der Gesellschaft, wenn man es nicht schafft, den Weg in eine frühere Phase des gesellschaftlichen Prozesses zu finden und dort die erforderlichen Korrekturen vorzunehmen.

Wir sind am 24. Februar 2022 ebenso wenig in einer neuen Welt aufgewacht wie am 11. März 2020 (WHO erklärt COVID-19-Epidemie zur Pandemie), am 11. September 2001 oder am 1. September 1939. Wir sahen es kommen, wir wussten Bescheid, doch niemand konnte es verhindern.

Andererseits machen wir bereits Erfahrungen mit Versuchen, die Vorurteilsstruktur der Gesellschaft aufzubrechen. Die ökologische Bewegung, Fridays for Future, Scientists for Future und andere Initiativen unterlaufen die Unterscheidung zwischen Experten und Laien. Der Feminismus und der Postkolonialismus attackieren strukturelle und mentale Lock-Ins. Wir identifizieren toxische Verhaltensmuster, wo immer sie uns begegnen. In Clausens Modell ist das die Phase *E*, Ende kollektiver Abwehrstrategien. Die Nerven dieser Gesellschaft liegen blank. In dem Moment, in dem sich die Klimakrise zur Klimakatastrophe auswächst, entdecken wir ein Prozessmodell, das zu beschreiben erlaubt, dass die Alltagsbildung in der Gesellschaft (*A*) Teil des Problems und nicht der Lösung ist. Darin liegt keinerlei Beruhigung.

Mit herzlichen Grüßen
Dirk Baecker

Soziologie, 51. Jg., Heft 2, 2022, S. 115–126

Petite Auberge Aufbruch

Zu den Möglichkeitsräumen kritischer Sozialforschung heute

*Stephan Lessenich**

»Am Abgrund? Wo sonst.«
(van Reijen/Schmid Noerr 1988: 13)

Wenn jemand eine Reise tut, so kann er was erzählen: Dachte ich mir mal wieder, als ich neulich in München (danke für alles!) Stock und Hut nahm und mich nach Frankfurt begab; und das bewahrheitete sich dann selbstverständlich, wie auch anders. Gleichwohl gedenke ich nicht, im Folgenden von der Reise selbst zu erzählen: Zu kurz die Zeit, über die zu berichten wäre, zu gering das öffentliche Interesse an Persönlichem. Vor allem aber: Zu allgemein bekannt – zumal für eine soziologische Leser:innenschaft – die Faszination des Neuen ebenso wie die Mühen der Ebene, wenn A auf B trifft, und wenn dabei B nicht wie A eine Person, sondern eine Organisation ist, sprich eine Ansammlung von Personen und Charakteren, Strukturen und Prozeduren, Geschichten und Geschichtchen (und vielem anderem mehr). Glück und Unglück, Freud und Leid, Geschick und Missgeschick liegen hier nah beieinander, wie so oft im Leben. Sollte der Tatbestand eines Wechsels an der und meines Wechsels an die Spitze des »legendären« (ich komme gleich darauf zurück) Instituts für Sozialforschung *überhaupt* einen Beitrag für die SOZIOLOGIE rechtfertigen, dann wohl nur, wenn das Besondere dieses Ereignisses mit dem Allgemeinen der heutigen Wissenschafts- und Gesellschaftspolitik und – gleich mal frankfurterisch bedeutungsschwer ausgedrückt – mit dem gegenwärtigen Zustand der Welt in Verbindung gebracht wird und werden kann. In diesem Sinne: Mögen der und die Leser:in die

* *Anm. der Redaktion*: Stephan Lessenich wurde im Juli 2021 Direktor des Instituts für Sozialforschung an der Goethe-Universität Frankfurt am Main. Sein Vorgänger war Axel Honneth.

transindividuelle Relevanz der folgenden Ausführungen beurteilen, in jedem Fall aber vorab schon vielen Dank für Ihre Aufmerksamkeit.[1]

Mythos IfS

Es dürfte wenige sozialwissenschaftliche Institutionen geben, zumal in Deutschland, die von einer ähnlichen Aura umgeben sind wie das Institut für Sozialforschung. Keine Vorstellung des neu bestellten Direktors im öffentlichen Raum, die ohne die Anrufung der »ruhmreichen« Institutsgeschichte und ohne den Topos der »Adorno-Nachfolge« auskäme. Die altertümliche Nachfolge-Vorstellung bei universitären Neuberufungen wäre für sich genommen eine eigene kulturkritische Betrachtung wert. Doch das systematische Überspringen diverser Personen und mehrerer Generationen bei der aktuellen Rekonstruktion der Ahnenreihe des IfS-Direktorats (ganz so als würde etwa Olaf Scholz als »Adenauer-Nachfolger« firmieren) hat nochmals eine ganz eigene Note. Positiv gewendet lässt sich das »Legendäre« am Institut – vom US-amerikanischen Exil zu Zeiten des Nationalsozialismus bis hin zur Frankfurter Folge von »Polizeiruf 110« aus dem bewegten Jahr 1969 – zweifellos als ein symbolisches Kapital werten, das im wissenschaftlichen Feld seinesgleichen sucht. Das Kürzel »IfS« ist spätestens seit – nun ja – Adornos Zeiten eine Marke, und zwar in relativer Autonomie von dem, was sich dahinter institutionell und intellektuell jeweils verbarg. Wovon *Brand Marketing*-Strategen nur träumen können, hat zugleich aber auch Alb-Qualitäten, kann zur drückenden Last der Geschichte großer Männer und früherer Zeiten werden.

In diesem Spannungsfeld von historischem Narrativ als Kapital und Hypothek dürfte Entmystifizierung die Umgangsweise der Wahl sein. Und dafür muss man gar nicht in die raumzeitliche Ferne schweifen, es reicht vollkommen, beim Hier und Jetzt anzusetzen. Das Institut für Sozialforschung ist eine kleine, vom Land Hessen und der Stadt Frankfurt grundfinanzierte, im Wesentlichen aber drittmittelabhängige Forschungseinrichtung, die bis vor wenigen Monaten ehrenamtlich geleitet wurde und gänzlich ohne fest etatisierte Stellen für wissenschaftliche Mitarbeiter:innen auskommen musste.

1 Zudem danke ich für – weithin unbewusste – Hinweise und Anregungen zu diesem Beitrag namentlich Philipp Ellrich, Saskia Gränitz, George Grodensky, Tim Hoppe und Imke Schmincke sowie dem digitalen Sozialuniversum des Instituts für Sozialforschung.

Die finanzielle und personelle Ausstattung des Instituts ist weit – sehr weit – entfernt von jener, über die Forschungsinstitutionen verfügen, die zunächst als »vergleichbar« gelten könnten, vom Hamburger Institut für Sozialforschung über das Max-Planck-Institut für Gesellschaftsforschung in Köln bis zum Wissenschaftszentrum Berlin für Sozialforschung. Mit meiner Berufung an die Spitze des IfS ist dieses erstmalig institutionell durch eine Kooperationsprofessur mit dem Fachbereich Gesellschaftswissenschaften der Goethe-Universität verbunden; und durch die vom Hessischen Ministerium für Wissenschaft und Kunst gewährte Aufstockung des Grundetats konnten zum ersten Mal in der Geschichte des Instituts personalstrukturelle Verhältnisse geschaffen werden, wie man sie ansonsten wohl in öffentlichen oder halb-öffentlichen Forschungsinstituten für »normal« halten würde: dass nämlich zumindest von den Mitgliedern einer kleinen Stammbelegschaft Wissenschaft zum Beruf gemacht werden kann, ohne permanent an den nächsten Kettenvertrag denken oder die Stellenanzeigen auf *academics.de* konsultieren zu müssen.

Trotz dieser spürbaren Verbesserung der Handlungsspielräume des Instituts, für die namentlich der hessischen Wissenschaftsministerin Angela Dorn persönlicher Dank gebührt, bleibt der institutionalisierte Widerspruch im Kern unverändert, mit dem sich eine der kritisch-theoretischen Gesellschaftsanalyse verpflichtete Einrichtung wie das IfS – anders als HIS, MPIfG oder WZB – konfrontiert sieht: sich mit einem wissenschaftlichen Erkenntnisinteresse, das die herrschende gesellschaftliche Verfasstheit grundlegend in Frage stellt, den Prioritäten und Rationalitäten öffentlicher Forschungsförderung stellen zu müssen. Konkreter – und herausfordernder – noch: im Zuge der Kritik des Bestehenden sich nicht zuletzt auch von den etablierten Mechanismen des Wissenschaftsbetriebs zu distanzieren, ohne sich diesen aber wirklich entziehen zu können.

So gesehen, bleibt vom »Mythos IfS« wenig übrig: ein Rädchen im wissenschaftlichen Getriebe, das steuerfinanzierte Kürbiskerne ins Getriebe der Gegenaufklärung (vgl. Lessenich 2011) streut. Und ja, genau so müsste man es sehen – wäre da nicht noch Anderes und würde da zukünftig nicht noch mehr anders werden.

»Grand Hotel Abgrund«

In die Abteilung Mythenbildung gehören auch zwei Phantasmen die vermeintlich typische Form Frankfurter Wissenschaftspraxis betreffend. Dabei ist das eine Bild, nämlich das eines selbstbezüglichen, weltenthobenen Philosophierens, gewiss kein Alleinstellungsmerkmal des um das IfS sich rankenden Imaginariums: Die Rede vom akademischen »Elfenbeinturm«, angesichts der unternehmerischen Universität und ihrer arbeits- und forschungspolitischen Realitäten eine reichlich verquere Vorstellung, ist gleichwohl unkaputtbar, und sie dürfte auch Kolleg:innen bekannt sein, die ihren Arbeit und Leben verquickenden Dienst an der wissenschaftlichen Exzellenz in einstürzenden Zweckbauten ehemaliger Reformuniversitäten verrichten. Bei einer »Denkfabrik« à la IfS haben entsprechende Fehlzuschreibungen zudem noch die besondere Pointe, dass sie als von verkopften, sozialweltfremden Theorienerds bevölkert imaginiert werden – wie in einem (freilich, weil aus der Neuen Frankfurter Schule stammend, doch auch lustigen und geradezu tiefsinnigen) Cartoon Hans Traxlers, der mir von einem freundlichen Medienvertreter zur Amtsübernahme als Präsent zugeeignet wurde: Darin sind als »wissenschaftliche Mitarbeiter des IfS« bärtig-blasse Alt-68er zu sehen, die nach 1989 »im Hochtaunus ausgewildert werden«, um sie »an das Leben in der postmarxistischen Ära zu gewöhnen«.*

Angesichts solcher Stereotypen ist man geneigt, wortreich auf die nach allen – absoluten wie relativen – Maßstäben beeindruckende Historie empirischer Sozialforschung Frankfurter Provenienz zu verweisen. Einem Fachpublikum gegenüber muss freilich kaum daran erinnert werden, dass das IfS forschungspraktisch, von den Autoritarismus-Studien der 1950er Jahre über eine jahrzehntelange Tradition arbeits- und industriesoziologischer Untersuchungen bis hin zu großangelegten Projekten neueren Datums zu Migration und Migrationspolitik, in der Geschichte der Bundesrepublik stets am Puls der jeweiligen gesellschaftlichen Zeit war.

---

* *Anm. der Redaktion*: Wir danken Hans Traxler sehr für die Genehmigung zum Abdruck des Cartoons.

Ein zweites Zerrbild des Instituts, auf das auch noch die jüngere Geschichtsschreibung zur »Frankfurter Schule« rekurriert (vgl. Jeffries 2016), ist jenes vom »Grand Hotel Abgrund«. Es reicht in seiner Genese zurück bis in das Jahr 1933, als Georg Lukács es in radikaler Kritik an einer den politischen Zeitläuften enthobenen beziehungsweise sich enthebenden bürgerlich-liberalen Intellektuellenklasse zeichnete. Drei Jahrzehnte später münzte Lukács dieselbe metaphorische Wendung, als polemischen Einsatz in der innermarxistischen Auseinandersetzung, auf die Kritische Theorie und namentlich auf Adorno, der es sich in einer von politischer Praxis und revolutionärer Bewegung isolierten Intellektuellenwelt bequem gemacht habe. Verlässt man jedoch das Feld der Polemik und bezieht die Rede vom »Grand Hotel Abgrund« auf ihren analytischen Kern und makrosozialen Gehalt, so gewinnt sie eine ganz andere Bedeutung, die für den aktuellen Gegenstandsbezug einer Kritischen – oder auch nur kritischen – Theorie der Gesellschaft von allerhöchstem Rang ist. Denn Lukács sah die bürgerliche Intelligenz der europäischen Vorkriegszeit im Grunde an einem Punkt angelangt, an dem die »Probleme des verfaulenden Kapitalismus« nicht mehr zu negieren seien, an dem sie »bis zu dem Abgrund der Einsicht in die Unlösbarkeit dieser Probleme« gelangt sei und den »Alpdruck« solcher Ausweglosigkeit »nicht mehr vor sich selbst verheimlichen« könne (vgl. van Reijen/Schmid Noerr 1988: 10). Genau diese Konstellation aber, so behaupte ich, reproduziert sich heute, bald ein Jahrhundert später, auf neue Weise und erweiterter Stufe. Und es ist eben diese gesellschaftliche Konstellation eines Lebens am Rande des kollektiv-individuell Erträglichen, an der sich die zukünftige Forschungsprogrammatik und -praxis des Instituts für Sozialforschung zu orientieren und zu bewähren haben wird.

Denken, Sagen und Tun in einer falschen Welt

Dass die Welt in ihrer globalkapitalistischen Verfasstheit am Abgrund steht, lässt sich kaum mehr leugnen – einerseits. Die spätindustriellen Gesellschaften im Zentrum des kapitalistischen Weltsystems sind als demokratisch sich legitimierende ökonomische Beutegemeinschaften verfasst. Ihre immense wirtschaftliche Produktivität, die keine Grenze ihrer zwanghaften Steigerungsdynamik kennt und kennen will, beruht in fataler Notwendigkeit auf einer sozialen und ökologischen Destruktivität, die seit Jahrzehnten, ja seit Jahrhunderten, zuallererst der Rest der Welt und der Weltbevölkerung zu spüren bekommt. Die Pseudo-Rationalität der in den »fortgeschrittenen« kapitalistischen Gesellschaften etablierten Produktions- und Konsum-, Arbeits- und Lebensweisen bringt systematisch jene Verwerfungen hervor, die die in falschem Universalismus beschworene »eine Welt« in Atem halten: Finanz- und Migrations-, Klima- und Pandemiekrisen. Eine strukturelle Konfiguration, bei der die nächste Krise immer schon vor der Türe steht – und die erwartungssicher, so wie es schon immer war, eben jene das größte Leid davontragen lässt, die zu ihrer Entstehung am wenigsten beigetragen haben.

Und doch: So klar dies all denen, die sehen wollen, erkennbar ist – gesellschaftlich dominant ist gleichwohl eine Positionierung, die sich zu jener Position am Abgrund, in der wir uns befinden, in wahlweise verkennender oder verdrängender Weise verhält. Kritische Gesellschaftstheorie und Sozialforschung bezieht in dieser Konstellation in jeder Hinsicht Gegenposition. Sie verweist auf den »irren Widerspruch« (Adorno 1969: 22), in dem das gesellschaftlich Realisierte nicht nur zu dem potenziell Möglichen, sondern allein schon – und ganz material – zu dem empirisch Haltbaren steht. Sie legt die Verselbständigung des gesellschaftlich Instituierten offen, die »Selbstentfremdung« (Castoriadis 1984: 608) einer Gesellschaft, die sich von ihren ureigenen Fortschritts-, Expansions- und Kontrollphantasien beherrschen lässt. Sie setzt dem einen »kapitalistischen Realismus« entgegen, der sich nicht in der Überzeugung von der vermeintlichen Alternativlosigkeit der herrschenden Verhältnisse erschöpft (vgl. Fisher 2009), sondern von der institutionellen und psychosozialen Verankerung des real existierenden Kapitalismus in den Strukturen der sozialen Welt und in den Praktiken der gesellschaftlichen Subjekte ausgeht – und der in seinem transformativen Anliegen an beiden Seiten kapitalistischer Vergesellschaftung, der strukturellen wie der subjektiven, ansetzt.

Das meint aber auch, sich zu positionieren gegen all jene sozialwissenschaftlichen Positionen, von denen aus eine olympisch-ironische Pseudo-Kritik gesellschaftlicher Irrungen und Wirrungen betrieben wird – und die, im fahlen Licht der eigenen intellektuellen Brillanz und sprachlichen Eleganz sich sonnend, unter großer medialer Aufmerksamkeitsproduktion und mit der »Attitüde des Unbeteiligten« (Mills 2016: 127) genau jene selbstreferentiellen Beobachtungskünste praktizieren, die das Feuilleton einer Gesellschaft am Abgrund goutiert und honoriert. Die Soziologie, so wusste schon Bourdieu (1993: 48), muss fortwährend jenen »Urbetrug« reproduzieren, der sie als apolitische Wissenschaft gelten und gesellschaftliche Legitimität gewinnen lässt. Eine kritische Gesellschaftstheorie distanziert sich von solch durchsichtig-bemühten Neutralitätsphantasien und gibt damit zu erkennen, dass sie sich nicht dermaßen selbst regieren möchte (vgl. Lessenich 2021).

Think negative!? Das Positive an der Negativität

Einer der gängigen Vorbehalte gegenüber kritischen Gesellschaftsanalysen, insbesondere gegenüber solchen in der Frankfurter Tradition, bezieht sich auf deren ostentativ zur Schau getragene, bisweilen obsessiv anmutende Negativität. Irrer Widerspruch und Urbetrug, der Blick in Abgründe und »die Scham darüber […], dass einem in der Hölle noch die Luft zum Atmen bleibt« (Adorno 1951: 33): Ohne das und unter dem *ceterum censeo* des Verweises auf das falsche Ganze machen es Kritische Theoretiker:innen nicht. Die Gefahr, dass dies auf Wohlmeinende bisweilen ermüdend wirkt, auf die Widerstrebenden im Zweifel auch entmutigend, ist nicht von der Hand zu weisen. Die wiederkehrende Erfahrung aber, dass sowohl mit sich und ihrer Wissenschaft im Reinen zu sein scheinende Positivist:innen wie auch als durch nichts aus der Ruhe zu bringende Beobachtungsbeobachter sich gebende Systemanalytiker auf kritisch-theoretische Gesellschafts- und Zeitdiagnosen alles andere als entspannt reagieren, spricht doch für das Richtige in der Analyse des Falschen: Offensichtlich treffen kritische Theorien hier einen Nerv, befindet sich ein wunder Punkt dort, wo sie den Finger hinlegen.

Und ganz so weit her ist es im Übrigen ja auch gar nicht mit den *bad vibrations* aus dem Hause Horkheimer/Adorno et al. Denn was man durchaus einen aufgeklärten Realismus nennen könnte angesichts der damals wie heute – für Menschen, die sich erschüttern lassen wollen – erschütternden Zustände, erscheint bei näherem Hinsehen geradezu als eine unerschütterliche Positivität im Festhalten am Ideal einer humanen Gesellschaft. Viel bedenkenswerter, bedenklicher auch, ist wohl ein anderes Problem der kritisch-theoretischen Praxis einer bestimmten Negation herrschender Verhältnisse: Das gute alte Programm eines »Denkens für die Menschheit« (Schloemann 2019) ist im Zweifel beredter Ausdruck einer intellektuellen und politischen Anmaßung. Insoweit nämlich, als von einer Position aus gedacht und gesprochen wird, deren Partikularität und Situiertheit letzten Endes doch nicht konsequent und folgenreich reflektiert wird. Aber es sind halt die Koordinaten 50° 7' 6.006" nördliche Breite – 8° 39' 14.015" östliche Länge, von denen aus zum Beispiel am Institut für Sozialforschung auf die Welt geblickt wird – von Personen, die in der Regel nicht allzu weit entfernt geboren und aufgewachsen sind, die über eine relativ ausgeprägte sozial-räumliche Autonomie (vgl. Weiß 2017) verfügen und die, was die Wortführerrolle angeht, zumeist dem männlichen Geschlecht angehören.

Dass das IfS diesen Umstand in seiner zukünftigen wissenschaftlichen Praxis in Rechnung wird stellen und ihm bei allfälligen öffentlichen Positionierungen Rechnung wird tragen müssen, steht außer Frage. Forschungsprogrammatisch bedeutet dies, den Kanon der Bezugstheorien um queerfeministische und posthumanistische Ansätze, antirassistische und dekoloniale Perspektiven zu erweitern. Wirkungspraktisch muss es heißen, auch mit Milieus und Sphären, Personen und Positionen ins Gespräch zu kommen, die nicht ohne Weiteres in Reichweite einer akademischen Praxis sind. Öffentliche Sozialwissenschaft meint genau das: Nicht im intellektuellen Verlautbarungsmodus eliten- oder volksbildnerisch tätig zu werden, nicht nur *coram publico* – *vor* den Leuten – zu agieren, sondern *mit* außerakademischen Publika in einen Dialog zu treten, der wechselseitig aufklärerisch wirkt.

Die kritischen Theoretiker des »goldenen Zeitalters« wussten um ihre historisch-konkrete Verortung im Raum sozialer Positionen ebenso wie um ihre »komplexe Außenposition« (Boltanski 2010: 26) als Kritiker der bürgerlichen Gesellschaft *in* einer bürgerlichen Gesellschaft: »Es gibt aus der Verstricktheit keinen Ausweg.« (Adorno 1951: 33) Kritische Gesellschaftstheorie und Sozialforschung heute muss von ihrem Wissen um die relative Privilegiertheit wie um die konstitutive Gesellschaftlichkeit ihres Tuns zur systematischen Arbeit an der Destabilisierung der Grenzen zwischen Innen und Außen, zwischen akademischer und nicht-akademischer Welt, angehalten werden. Sie muss, in einer bewussten Doppelbewegung, dazu bereit sein, mit der eigenen Gesellschaftskritik in der Öffentlichkeit hausieren zu gehen und sich die Gesellschaftskritik der Leute (vgl. Vobruba 2009) ins Haus zu holen.

Schöner forschen

Das Institut für Sozialforschung soll, so meint das im Klartext, sich in Zukunft als offenes Haus verstehen und als solches auch wahrgenommen werden: offen für Neues, für Impulse von außen, für die Fragen der anderen. Offen für Studierende und für die Stadtgesellschaft, für Kulturproduzent:innen und Bewegungsakteure, für Gesellschaftskritik »von unten« und aus allen Winkeln der Welt. Den Bau in der Senckenberganlage ganz physisch und material als einen Möglichkeits- und Ermöglichungsraum zu begreifen, ihn auf eine Weise zu bespielen, die der politisch-sozialen Bedeutung kritischer Wissenschaft in Zeiten fundamentaler gesellschaftlicher Umbrüche gerecht zu werden versucht, wird das oberste Gebot einer Institutskultur sein, die den akkumulierten Kommunikationsbedarf und den aufgestauten Geselligkeitsdrang der Corona-Ära operativ aufzunehmen und produktiv zu wenden weiß. Im besten Fall nehmen die öffentlichen Aktivitäten eines solchen Forums für praktisch werdende kritische Theorie Momente und Motive des epischen Theaters auf, regen sie zum Denken und Handeln an – auf allen Seiten. Dann berichten, so imaginiere ich die Situation, auf der Dachterrasse des Instituts an einem lauen Sommerabend, mit allmählich abebbender Verkehrsgeräuschuntermalung und aufflackernder Hochhausbeleuchtung als Kulisse, Forscher:innen des IfS aus Fallstudien und Feldaufenthalten, von Gruppendiskussionen und Theoriereflexionen – und nicht nur die interessiert Zuhörenden, Nachfragenden und Kommentierenden, sondern auch die Berichterstattenden selbst »erinnern sich an ihre Kämpfe vom Vormittag« (Brecht 1967: 49).

Solch – jedenfalls nach eigenem Dafürhalten – wohlklingende Blütenträume, die in je unterschiedlicher Ausprägung vermutlich jeden Beginn einer neuen Phase wissenschaftlicher Institutionenentwicklung begleiten (vgl. Honneth 2022), werden sich an der Alltagspraxis routinisierter Sozialforschung messen lassen müssen, und womöglich werden sie sich an den Realitäten öffentlicher Forschungsförderung brechen. Vor allem aber werden sie in Einklang zu bringen sein mit den Strukturbedingungen wissenschaftlichen Arbeitens an einem Institut, das auch in Zukunft, der erweiterten Grundfinanzierung zum Trotz, unter der Dominanz von atypischer, namentlich befristeter, und immer wieder auch von prekärer Beschäftigung wird operieren müssen. Dies aber steht in offenkundigem Widerspruch zu einem Konzept kollektiv-kooperativer Forschung und zu der Vorstellung, dass die konkreten Arbeits- und Interaktionspraktiken am Institut im Kleinen eine andere Welt des solidarischen Forschens vorleben sollten. Unter gegebenen politökonomischen und wissenschaftspolitischen Bedingungen wird es gelten, das Möglichste im Sinne einer solch alternativen Arbeitsverfassung zu leisten – und mindestens das Bewusstsein für die Diskrepanz zwischen Anspruch und Realität wachzuhalten.

Wobei es real existierende Vorbilder für eine andere akademische Forschungspraxis ja durchaus gibt – man müsste dafür nur das Wissenschaftskollektiv um Pierre Bourdieu genauer studieren und einer kritisch-aktualisierenden Prüfung unterziehen. Vieles von dem, was mir in Sachen Methoden der Forschungsorganisation, Formen der Wissensproduktion und Praktiken der Aufmerksamkeitsattraktion für das IfS vorschwebt, ist durch das »Unternehmen Bourdieu« (Schultheis 2019) bereits vorexerziert worden. Bourdieus Position im wissenschaftlichen Feld war nicht nur die eines Meisterdenkers, sondern auch die eines Topmanagers und eines Großkommunikators, der insbesondere einen praktischen Sinn dafür hatte, dass für den erfolgreichen Einsatz wissenschaftlichen Wissens im politischen Feld die Mobilisierung institutionellen Kapitals von entscheidender Bedeutung ist. Wollte man diesbezüglich von Bourdieu lernen, dann hieße dies auf Frankfurter Verhältnisse gemünzt, dessen unternehmerische Strategie hinlänglich zu entpersonalisieren und die Wort-Bild-Marke »IfS« zu kapitalisieren: die intellektuelle Potenz der Forscher:innen am IfS ebenso wie die nach wie vor um dieses sich rankenden Vorstellungen eines radikalen Denkens in Alternativen.

Ein derartiges Denken zu praktizieren und zu befördern, wird das neue – alte – Ziel des Instituts für Sozialforschung sein. Am Rande des gesellschaftlichen Abgrunds, in Sichtweite – aber nicht im Schatten – der im gleichnamigen Grand Hotel absteigenden Intellektuellenmilieus, öffnet nun die *Petite Auberge Aufbruch* ihre Pforten: anregende Atmosphäre, hervorragendes Personal, anspruchsvolles Konzept. Ein alteingesessenes Haus unter neuer Führung und mit verändertem Auftritt, das jederzeit zu einem Aufenthalt einlädt.[2]

Wie war das noch gleich: Es gibt aus der Verstricktheit keinen Ausweg? Na, das wollen wir doch mal sehen.

Literatur

Adorno, Theodor W. 1951: Minima Moralia. Reflexionen aus dem beschädigten Leben. Frankfurt am Main: Suhrkamp.

Adorno, Theodor W. 1969: Einleitungsvortrag zum 16. Deutschen Soziologentag. In Theodor W. Adorno (Hg.), Spätkapitalismus oder Industriegesellschaft? Verhandlungen des 16. Deutschen Soziologentages in Frankfurt am Main 1968. Stuttgart: Ferdinand Enke, 12–26.

Boltanski, Luc 2010: Soziologie und Sozialkritik. Frankfurter Adorno-Vorlesungen 2008. Berlin: Suhrkamp.

Bourdieu, Pierre 1993: Der Soziologe auf dem Prüfstand. In Pierre Bourdieu, Soziologische Fragen. Frankfurt am Main: Suhrkamp, 36–59.

Brecht, Bertolt 1967: Schriften zum Theater. Gesammelte Werke, Band 15. Frankfurt am Main: Suhrkamp.

Castoriadis, Cornelius 1984. Gesellschaft als imaginäre Institution. Entwurf einer politischen Philosophie. Frankfurt am Main: Suhrkamp.

Fisher, Mark 2009: Capitalist Realism. Is There No Alternative? Winchester: Zero Books.

Honneth, Axel 2022: Frühes Glück und schnelles Leid. Meine ersten Jahre am Institut für Sozialforschung. SOZIOLOGIE, 51. Jg., Heft 1, 7–19.

Jeffries, Stuart 2016: Grand Hotel Abyss. The Lives of the Frankfurt School. London: Verso.

Lessenich, Stephan 2011: Kürbiskerne im Getriebe der Gegenaufklärung. Bericht vom 35. Kongress der Deutschen Gesellschaft für Soziologie, 11. bis 15. Oktober 2010 in Frankfurt am Main. Soziale Welt, 62. Jg., Heft 1, 101–107.

Lessenich, Stephan 2021: Kritische Theorie – in Differenz zur Indifferenz. Mittelweg 36, 30. Jg., Heft 3, 54–55.

2 Besuchen Sie uns – sei es vor Ort oder auf der vollkommen neu gestalteten Webseite des Instituts (ifs.uni-frankfurt.de). Die anstehenden, zwischen September 2022 und Juni 2024 stattfindenden Feierlichkeiten zum 100-jährigen Bestehen des IfS werden dafür zahlreiche Anlässe bieten.

Mills, Charles Wright 2016 [1959]: Soziologische Phantasie. Herausgegeben von Stephan Lessenich. Wiesbaden: Springer VS.

Schloemann, Johan 2019: Denken für die Menschheit. Süddeutsche Zeitung vom 14. Oktober 2019. https://www.sueddeutsche.de/kultur/gesellschaftstheorie-denken-fuer-die-menschheit-1.4634739, letzter Aufruf am 19. Februar 2022.

Schultheis, Franz 2019: Unternehmen Bourdieu. Ein Erfahrungsbericht. Bielefeld: transcript.

van Reijen, Willem / Schmid Noerr, Gunzelin 1988: Kritische Theorie – am Abgrund. In Willem van Reijen / Gunzelin Schmid Noerr (Hg.), Grand Hotel Abgrund. Eine Photobiographie der Frankfurter Schule. Hamburg: Junius, 7–14.

Vobruba, Georg 2009: Die Gesellschaft der Leute. Kritik und Gestaltung der sozialen Verhältnisse. Wiesbaden: VS.

Weiß, Anja 2017: Soziologie globaler Ungleichheiten. Berlin: Suhrkamp.

SOZIOLOGIE, 51. JG., HEFT 2, 2022, S. 127–144

Postkoloniale Perspektivierung der Soziologie

Von Äpfeln und Birnen in der gegenwärtigen Debatte

Marius Meinhof, Manuela Boatcă

Auf die im Heft 4/2018 der SOZIOLOGIE veröffentlichte E-Mail-Debatte zwischen Julian Go und Manuela Boatcă, moderiert von Sina Farzin, folgten nicht weniger als vier Repliken in drei Jahren (Holzinger 2019, 2021; Leanza, Paul 2021; Meinhof 2020). Die zahlreichen Reaktionen zeugen weniger von einem regen Interesse an einem Dialog zum Thema als vielmehr von einer Abwehrhaltung hinsichtlich des Angebots, die Soziologie postkolonial zu reflektieren. Auf die in der E-Mail-Debatte angeführten Argumente für die Notwendigkeit einer postkolonialen Soziologie bezogen sich die Repliken kaum. Ebenso wenig gingen sie, mit Ausnahme von Meinhof 2020, auf die vorhandene Literatur zu postkolonialer Soziologie ein (vgl. Boatcă, Costa 2010; Gutiérrez Rodriguez 1999; Randeria 1999a; Reuter, Villa 2010; Steyerl, Gutiérrez Rodriguez 2003). Im Austausch über die Repliken haben wir deshalb beschlossen, den Bogen der bisher geführten Diskussion gemeinsam auf die für uns wesentlichen Argumente in der ursprünglichen Debatte sowie in der deutschsprachigen postkolonialen Soziologie-Landschaft zurückzuführen.

Im Folgenden bekräftigen wir, dass eine inhaltliche Auseinandersetzung mit der Geschichte eines in die Vergangenheit delegierten Kolonialismus alleine noch keine postkoloniale Soziologie darstellt, und plädieren stattdessen für eine post- und dekoloniale Perspektivierung der Soziologie als Erkenntnismethode. Eine solche Perspektivierung erlaubt aus unserer Sicht zweierlei: einerseits, sowohl die nationalstaatliche Zentriertheit als auch den kolonialen Blick auf nicht-westliche Gesellschaften als Produkte eines bestimmten institutionellen Konstituierungsprozesses der Soziologie als wissenschaftliche Disziplin zu reflektieren; andererseits, die Soziologie systematisch als relationale, geschichtssensibilisierte, globale Soziologie der Macht neu zu denken (Boatcă, Costa 2010: 84 f.). In den Worten von Walter Mignolo geht es bei Dekolonialität darum, »die Bedingungen der Auseinandersetzung zu verändern, und nicht nur deren Inhalt« (Mignolo 2011). Dieser Position schließen wir uns an. Die Soziologie des Kolonialismus mit einer postkolonialen Soziologie gleichzusetzen und letztere deshalb als nichts Neues und nichts grundlegend anderes zu betrachten, heißt für uns hingegen, Äpfel und Birnen miteinander zu vergleichen.

Der Begriff »postkolonial« verweist auf die Umgestaltung der ökonomischen, sozialen und politischen Verhältnisse, die der Kolonialismus in ehemaligen oder bestehenden Kolonien wie auch in den Metropolen ausgelöst hat und die bis heute nachwirken. Dabei machen post- und dekoloniale Perspektiven auf die Verschränkung von Macht und Wissensproduktion im Kontext kolonialer und imperialer Verhältnisse aufmerksam (Coronil 2004; Gutiérrez Rodriguez 1999). Dass Wissen standortgebunden ist, heißt in postkolonialer Sicht, dass markierte wie unmarkierte Positionen in kolonial tradierte Machtstrukturen eingeschrieben sind:

> »Es sind also keineswegs nur die ›Anderen‹ ethnisch, nicht nur die Frauen geschlechtlich, nicht nur der ›Süden‹ auf einer Landkarte verortet – auch Männer sind geschlechtlich konstituiert, auch ist Weiß-Sein Effekt komplexer und sehr wirkmächtiger rassistischer Konstitutionen, auch ›der deutsche Soziologe‹ ist ethnisch, national usw. positioniert« (Reuter, Villa 2010: 14, Herv. i. O.).

Der Postkolonialismus als Begriff und Perspektive hebt also – trotz bedeutender interner Differenzierungen – auf den historischen Kontext von (Kolonial-)Macht ab und leitet daraus ein politisches Programm ab, das auf den Abbau der wirtschaftlichen, sozialen, politischen, kulturellen und epistemischen Ungleichheiten abzielt, die im Zuge des Kolonialismus entstanden sind (vgl. Boatcă 2016).

Diese Perspektive ist nicht neu, sondern Teil einer langen Denktradition, die auch Wurzeln in der Soziologie hat, jedoch selten als zentrales soziologisches Paradigma wahrgenommen wurde, weil eine in Trennungen von Europa/Nicht-Europa befangene Soziologie das Koloniale meist außerhalb Europas, und qua eurozentrischem Fehlschluss daher außerhalb der idealtypischen Moderne verortete. Go, dessen Arbeit von Holzinger als »alter Wein in neuen Schläuchen« kritisiert wurde, verweist auf Arbeiten aus den 1950ern oder sogar etwa auf C.L.R. James' Arbeit über die Haitianische Revolution in den 1930ern (Go 2016; Meinhof 2020: 414) und zeigt eine (verschüttete) postkoloniale Denktradition in der Soziologie, die sich bis auf W.E.B. Du Bois zurückverfolgen lässt (Go 2016). Auch Boatcă, Farzin und Go (2018) weisen wiederholt auf die Anschlüsse an Dependenztheorien und die Weltsystemanalyse hin. Dennoch wird Postkolonialismus in der Soziologie weiterhin regelmäßig als *Import* verstanden oder als empirische Arbeiten über einzelne Kolonien fehlinterpretiert.

Vor diesem Hintergrund hat Meinhof (2020) explizit in Replik auf Holzingers Argument, dass Go und Boatcă keine Neuerung in die Soziologie einbrächten, Gemeinsamkeiten postkolonialer Autor*innen herausgearbeitet, um zu verdeutlichen, dass Postkolonialismus als soziologisches Paradigma gelesen werden kann: als soziologisch, weil klassische Fragen der soziologischen Theorie aufgeworfen werden, und als vollwertiges Paradigma, weil es sich nicht *nur* um eine Bindestrichsoziologie des Kolonialismus handelt, sondern um einen Ansatz, der Gesellschaft, Moderne, das Soziale usw. auf neue Weise beschreibt. Daher verdeutlichte Meinhofs Text bei der Darstellung des sehr heterogenen Diskurses der post- und dekolonialen Theorien besonders »irritierende« beziehungsweise für Soziolog*innen möglicherweise »neuartige« gemeinsame Anliegen des Postkolonialismus. Ähnlich waren Boatcă und Costa (2010) vorgegangen, als sie, auf dem Plädoyer für eine explizit postkoloniale Soziologie sowie für eine dezidiert postkoloniale Soziologie aufbauend, ein Programm für die postkoloniale Perspektivierung des Faches auf der Makro-, Meso- und Mikroebene entwarfen. Auch Meinhof (2020) betont Perspektivierung statt reiner empirischer Lückenfüllung, und stellt deshalb gemeinsame theoretische Nenner der ansonsten höchst heterogenen postkolonialen Arbeiten sowie deren Relevanz für soziologische Theorien der Moderne dar.

Die anschließend veröffentlichte Replik durch Paul und Leanza zeigt demgegenüber eine Abwehrhaltung, die explizit einer »Grundsatzdebatte im Vornhinein den Wind aus den Segeln nehmen« möchte (Leanza, Paul 2021: 152), indem sie sich gar nicht erst auf eine theoretische Reflexion der eigenen Begriffe einlässt. Die Autoren werfen dabei postkolonialen Arbeiten Vereinfachungen und Essentialisierungen vor, denn durch die These der »genuin kolonialen« (Meinhof 2020: 413) Moderne werde »das Narrativ einer endogenen Entwicklung der Moderne in Europa bzw. dem Westen [...] in gewisser Weise einfach umgekehrt« (Leanza, Paul 2021: 152). Dabei lassen sie sich aber von Anfang an nicht auf diese Theorien ein, sondern betrachten sie durch das vorgestanzte Raster ihrer eigenen Vorstellungen, die nicht als kontingente Theorieentscheidungen reflektiert werden. Statt tatsächliche Arbeiten postkolonialer Autor*innen wie Go oder Boatcă zu diskutieren und gegebenenfalls zu widerlegen, zitieren sie mit wenigen Ausnahmen nur (Meinhof 2020), lösen die Replik aber aus ihrem Kontext heraus: Sie lesen sie nicht mehr als eine idealtypisiert-vereinfachte Darstellung postkolonialer Anliegen in Replik auf Holzinger, sondern als stellvertretend für empirische Forschung postkolonialer Autor*innen. Dabei projizieren Paul und Leanza immer wieder theoretische Vorannahmen aus den von ihnen bevorzugten *New Empire Studies* auf postkoloniale Theorien, die mit anderen Vorannahmen und theoretischen Setzungen über die Beschaffenheit von Raum, Wissen und Macht arbeiten.

Damit läuft der Text aber Gefahr, eine Grundlage für Missverständnisse in späteren Debatten um Postkolonialismus zu schaffen. Dieser Debatte wird man wohl nicht mehr den Wind aus den Segeln nehmen können, aber wenn sie ohne grundlegende Reflektion theoretischer Begriffe und Erkenntnisinteressen geführt wird, könnte sie sich in kontraproduktiver Weise entwickeln. Wir möchten im Folgenden daher noch einmal weit verbreitete Positionen postkolonialer Theorien über relationalen Raum und produktive Macht in bewusster Vernachlässigung der Unterschiede zwischen den einzelnen Theorien herausarbeiten um zu vermeiden, dass die soziologische Debatte um Postkolonialismus im Vorfeld schon über etwas völlig anderes diskutiert. Dass manche Soziolog*innen nach eingehender Lektüre und ohne jegliche Missverständnisse dennoch statt postkolonialer Soziologie andere Ansätze bevorzugen werden, ist dabei in einem multiparadigmatischen Fach selbstverständlich.

Relationaler Raum

Paul und Leanza sehen die postkoloniale Suche nach neuen Begriffen zur Beschreibung der modernen Gesellschaft als Essentialisierung von Kulturen, weil sie impliziere, dass »die europäischen Kolonien in Übersee und ihre Effekte auf die metropolitanischen Gesellschaften« zu »andersartig« seien, um mit »herkömmlichen« Begriffen beschrieben zu werden (Leanza, Paul 2021: 161). Aus erkenntnistheoretischer Sicht stellt sich hier die Frage, was in einer multiparadigmatischen Disziplin wie der Soziologie als »herkömmliche Begriffe« gelten soll, und ob heutige Grundkategorien der Soziologie wie Webers Begriffe von Verstehen und Erklären jemals solche geworden wären, wenn man sie vorher auf ihre Herkömmlichkeit hin geprüft hätte statt auf ihren analytischen Nutzen. Heute werden sie jedoch wie selbstverständlich in soziologischen Texten unterschiedlicher Sprachen im deutschen Original verwendet. Auf theoretischer Ebene ist Paul und Leanzas Kritik deshalb überraschend, weil ein kurzer Blick auf die durch postkoloniale Arbeiten eingeführten theoretischen Begriffe, etwa Orientalismus (Said 1978), Kolonialität (Quijano 2008), Hybridisierung (Bhabha 2012) oder eine Lektüre von Meinhofs Ausführungen zum genuin globalen Charakter der Moderne (Meinhof 2020: 143) sofort verdeutlicht hätte, dass es bei den neuen analytischen Begriffen nicht um die Beschreibung von »Kolonien in Übersee« geht, sondern dass die Eigenschaften globaler Machtbeziehung analysiert werden.

Dieses Missverständnis speist sich aus theoretischen Raumvorstellungen, die in der Debatte unreflektiert mitgetragen werden, insbesondere, ob das Koloniale »in« einem Containerraum der Kolonie zu verorten ist, dementsprechend, ob eine Theorie des Postkolonialen eine Theorie »über« ehemalige Kolonien ist. Paul und Leanza versuchen im Sinne eines Containerraums, komplexe und langwierige Prozesse wie den Kolonialismus, die industrielle Revolution, die Entstehung moderner Staatlichkeit oder der Demokratie jeweils entweder in Europa oder in den Kolonien zu verorten (Leanza, Paul 2021: 155 f.). Postkoloniale Arbeiten interessieren sich dagegen oft für eine genealogische Analyse und Kritik von Regimen des Othering, der Ausgrenzung, der Rassifizierung, die unter anderem auch durch die Konstruktion klar abgrenzbarer Räume und der vereindeutigenden Zuordnung von Menschen, Kulturen, Ideen usw. als »ursprünglich« in diesen oder jenen Raum gehörig wirken. Daher wird Raum in vielen Arbeiten im Sinne des *spatial turn* als Produkt sozialer Beziehungen verstanden. Europa als ein fester Raum, in dem etwas geschieht und in dem sich alle zur Analyse Europas notwendigen sozialen Prozesse erschöpfen, wird dabei zum Beispiel in der Forschung zu transnationaler Migration als unzulässig kritisiert. In der post- und dekolonialen Forschung werden stattdessen geteilte Geschichten (Bhambra 2007; Randeria 1999b; Subrahmanyam 1997), Verflechtungen (Randeria 2002; Santos, Boatcă 2022) oder Relationen (Go 2016) untersucht. Diese lassen sich zum Beispiel rekonstruieren, indem die Bewegungen von Menschen, Ideen, Objekten oder Kapital verfolgt werden, um dann zu sehen, welche Räume durch diese Verflechtungen geschaffen werden. Das ist etwa Ideen der *multi-sited ethnography* (Marcus 1995) oder der von Reckwitz 2004 beschriebenen »Logik der Grenzüberschreitung« in den Kulturtheorien nicht unähnlich.

Allerdings legen postkoloniale Argumente im Vergleich zu anderen Ansätzen einen zusätzlichen Fokus auf Grenzziehungen, nicht als Folge von feststehenden Unterschieden etwa zwischen Europa und den Kolonien, sondern als zu untersuchende (und oft: zu kritisierende) Praktiken innerhalb globaler Verflechtungsprozesse (Santos 2007). Sie setzen einen relationalen Raum voraus, in dem systematisch ungleiche Interaktionen zwischen Metropolen und Kolonien zugleich den diskursiven Rahmen für die Konstruktion des Modernen und des Nicht-Modernen vorgeben und diese Interaktionen dabei über eine Konstruktion und Naturalisierung von Grenzen in scheinbar offensichtliche »Räume« teilt. Das Konzept der verwobenen Modernen in Europa und seinen Kolonien begreift also »die wechselseitige Konstitution, Abhängigkeit und (bisher vernachlässigte) Beeinflussung der Entwicklung auf beiden Seiten als konstitutiven Zusammenhang auch für die Entstehung der Moderne im Westen« (Randeria, Fuchs, Linkenbach 2004: 30).

Das betrifft auch die Frage, was »in« Europa stattfindet und was »außerhalb«, weil dies von sozial konstruierten Setzungen über die Grenzen Europas abhängt. Eine postkoloniale Perspektivierung macht deutlich, dass es innerhalb der abstrakten Universalie »Europa« mindestens seit der Kolonialexpansion iberischer Mächte (un)bedeutendere Europas mit unterschiedlichen, wechselnden und sehr ungleichen Rollen bei der Definition der vorherrschenden europäischen Identität und Episteme gab (Boatcă 2021a, 2010). Das Etikett »Europa« schließt seit dem Wechsel der Hegemonie von den iberisch-katholischen zu den angelsächsisch-protestantischen Kolonialmächten im 18. Jahrhundert immer Nordwesteuropa und seine weißen Bevölkerungen ein; Südeuropa, samt seinen zunehmend geschwächten Kolonialreichen und dem maurischen Erbe, wird ab dann allmählich aus dem westlichen Zentrum und somit auch aus der dominanten europäischen Identität herausdefiniert; Zentral- und Osteuropa müssen bis heute explizit genannt werden, um von »Europa« mitgemeint zu sein, ohne jedoch damit auch die Definitionsmacht zu teilen; während Black Europe, die Schwarze Bevölkerung Europas und ihre Jahrhunderte alten Kämpfe um Anerkennung und Rechte in vielen europäischen Sprachen – einschließlich Deutsch – als soziale Realität erst begründet, argumentativ verteidigt, und erklärt werden muss (vgl. Hine, Keaton, Small 2009). Zu diesem fragmentierten Europa, jedoch nicht zum unmittelbaren Verständnis davon, gehören auch die siebenundzwanzig Kolonialbesitztümer weltweit, die noch heute unter der direkten Kontrolle von EU-Mitgliedsstaaten und Großbritanniens stehen (Boatcă 2019: 108 f.).

Weil postkoloniale Theorien diese Grenzziehungen kritisch reflektieren, tauschen sie die im »Containerraum-Verständnis« befangene Frage, wo genau sich die Moderne ursprünglich verorten lässt (in Europa oder außerhalb) gegen einen Blick auf globale Verflechtungs- und Zirkulationsprozesse ein. Das gilt gerade auch für die positiv besetzten Seiten der Moderne, die dadurch nicht mehr in einem Ursprungsdiskurs als Errungenschaft eines Volkes konstruiert werden müssen. Demgegenüber betrachtet die postkoloniale Soziologie die geteilte Geschichte verwobener Modernen, die in einem kolonial globalisierten Europa zeitgleich mit den damit verflochtenen kolonialen Räumen und ihren antikolonialen Kämpfen Gestalt annahm (Santos, Boatcă 2022). Zum Beispiel lässt sich zeigen, dass das Verständnis inklusiver Staatsbürgerschaft und universaler Menschenrechte entscheidend durch kolonisierte Gruppen geprägt wurden, etwa durch die Haitianische Revolution (James 1938; Go 2016), aber auch viel später etwa durch chinesische Diplomaten (Waltz 2001),[1] die jeweils aus ihren kolonialen Exklusionserfahrungen heraus auf eine universale Begründung dieser Rechte pochten. Dass damit »kolonial(isiert)e Akteure sich in Europa entwickelte Konzepte aneigneten«, wie Paul und Leanza argumentieren (Leanza, Paul 2021: 156), ist ein Kurzschluss, der in der Literatur, die sie selbst zitieren, bereits lange dekonstruiert wurde (vgl. Buck-Morss 2000). Nicht nur machte die haitianische Revolution eine bis dahin »undenkbare«, das heißt, eine durch versklavte schwarze Menschen als politische Subjekte getragene Geschichte möglich (vgl. Ehrmann 2012; Trouillot 1995). Die erste Verfassung von St. Domingue als unabhängige Republik Haiti zielte im Jahre 1805 sogar ins Zentrum einer auf Universalismus basierenden Vorstellung von Menschenrechten. Die haitianische Revolution war, ähnlich wie die Französische Revolution, mit brutaler Gewalt gegen echte oder vermeintliche politische Gegner verbunden, und stand damit keinesfalls außerhalb des globalen Zirkels staatlich organisierten Mordens. Doch die durch sie neu gedachten universalen Kategorien von Staatsbürgerschaft haben wiederum spätere Vorstellungen inspiriert und wirken im heutigen Verständnis von Staatsbürgerschaft fort (vgl. Buck-Morss 2000; Boatcă 2021b). Das heißt nicht, dass inklusive Vorstellungen

1 Eine Ironie sei hier bemerkt: Eurozentrische Insistenz auf dem exzeptionell *europäischen* Ursprung der Menschenrechte korrespondiert heute mit Versuchen der chinesischen Regierung, Menschenrechte als »westlich« und für die chinesische Kultur als »unpassend« darzustellen, um sich gegen Kritik zu immunisieren. Beide Haltungen löschen aus völlig unterschiedlichen Gründen gemeinsam die Globalität unserer heutigen Vorstellungen von Menschenrechten aus, basierend auf einer ähnlichen Logik der »Trennung« globaler Verflechtungen in die Containerräume China/Westen.

von Staatsbürgerschaft *in* Haiti erfunden sind und Autor*innen *in* Europa sich diese Idee nur aneigneten, sondern dass die Idee selbst in global geteilten Geschichten entstanden ist und nicht durch das Raster einer in Containerräumen denkenden »Ursprungssuche« verstanden werden kann. Paul und Leanza unterschätzen die Globalität dieser Phänomene und führen gerade dann, wenn sie sich einem kolonialen Kontext widmen, einen problematischen »Ursprungsdiskurs« wieder ein.

Wissen und produktive Macht

Ähnliches gilt für die Frage nach Wissen und Macht. Für Paul und Leanza steht eine koloniale Herrschaftsideologie einem »Bemühen um Fremdverstehen« (Leanza, Paul 2021: 159) gegenüber, also gleichsam Macht/Ideologie gegenüber Wissen. Durch dieses Raster betrachtet erscheint eine Betonung der kolonialen Episteme im Diskurs der Moderne als Vereinfachung, nämlich als eine Reduktion kolonialer Diskurse auf Ideologie. Entsprechende postkoloniale Arbeiten basieren aber meist auf Foucaults Idee einer »produktiven Macht«, oft vermittelt über Said (1978). Diese produktive Macht zeigt sich gerade auch in ernsthafter, detaillierter Forschung über die »Andersheit« der Kolonisierten, ihre vermeintlich »exotischen« Sitten usw. Das zeigt sich gerade im Kulturrelativismus und in der (früheren) Ethnologie, die Paul und Leanza als Beispiele für nicht-koloniale Verstehensbemühungen aufführen.

Der Fokus auf produktive Macht ermöglicht eine Genealogie fortwirkender kolonialer Wissensstrukturen in der Gegenwart. Das beinhaltet Perspektiven auf koloniale Macht-Wissens-Regime und ihr Fortleben in gegenwärtigen Formen der Exklusion, aber auch einen Blick auf ihre Transformation, ihre Lokalisierung, Hybridisierung usw. sowie auch auf Formen des Widerstands und Momente des Scheiterns kolonialer Macht. Somit lässt sich in der Moderne sowohl der Einfluss kolonialer Trennungsdiskurse untersuchen als auch der von Kritik am Kolonialismus sowie von anti-kolonialen Bewegungen, die ebenfalls systematisch auf koloniale Erfahrungen bezogen waren.

Zum Beispiel widmete sich Boatcă Max Webers Theorie von Ethnizität, mit dem Ziel, die Abwesenheiten, blinden Flecken und Exklusionsgesten zu bestimmen, die Webers klassische Analyse in der Soziologie der Ungleichheit allgemein sowie der Soziologie der Rasse und Ethnizität im Besonderen hinterlassen hat (vgl. Boatcă 2013; 2017). Mithilfe einer Rekonstruktion von Webers Konzeption von Rasse und Ethnizität verknüpft sie seine allgemeine Sozialtheorie und seinen besonderen Blick auf rassische und ethnische Fragen miteinander. Anhand einer postkolonialen Perspektivierung zeigt Boatcă, dass die theoretischen und politischen Ansichten Webers nicht nur eng miteinander verbunden und im kulturellen Kontext des imperialen Deutschlands sowie in Webers spezifischer nationaler Perspektive zu situieren sind. Vielmehr ist Webers erklärte Position, »vom Standpunkt des Deutschtums« aus zu sprechen und sich deshalb gegen die polnische Arbeitsmigration im Besonderen und die »gewaltige Immigration unzivilisierter Elemente aus Osteuropa« im Allgemeinen zu stellen, ein Paradebeispiel für die inzwischen klassische postkoloniale Kritik Edward Saids: Westliches akademisches Wissen könne lediglich als universal, allgemeingültig und nicht-situiert konstruiert werden, indem zugleich nicht-westliches Wissen als lokal, partikular und damit nicht-generalisierbar degradiert wird. Dabei beziehen sich Webers Aussagen zur osteuropäischen Migration auch explizit auf die Unterscheidung zwischen Kulturvölkern – als zivilisiertes Menschentum – und Naturvölkern – als barbarisches Menschentum –, die für koloniale Diskurse zentral waren. Solche Perspektivierungen dienen aber nicht dem Zweck, Webers Werk als Ganzes zu delegitimieren, sondern zu reflektieren, wie koloniale Denkkategorien auch in einem um »Wertfreiheit« bemühten soziologischen Diskurs Halt finden und dort auch innereuropäische Hierarchisierungen ermöglichen oder reproduzieren.

Anders als beim Sortieren in »ideologische« und »verstehende« Ansätze wird es so möglich, Theorien der Soziologie nicht pauschal zurückzuweisen, sondern sie zu überarbeiten, um die ihnen inhärenten Elemente der Kolonialität zu überwinden – das versuchen etwa Go in Bezug auf eine Dekolonisierung Bourdieus (Go 2013), Boatcă in Bezug auf Weber (Boatcă 2013) und mehrere Beiträge bei Reuter und Villa (2010). Polemisch formuliert: Kant, Weber oder Durkheim gehören nicht in die Mülltonne, sondern sollten wieder aus dem Regal geholt und neu gelesen werden, nun aber mit einer Sensibilisierung für den kolonialen Kontext, in dem sie ihre Theorien entwickelten, und mit der Absicht, ihre theoretischen Vorannahmen zu dekolonisieren.

Vor dem Hintergrund einer ähnlichen postkolonialen Perspektivierung betont Meinhof (2017; 2021), dass der Begriff der Modernisierung, der heute teilweise als Inbegriff eurozentrischen Denkens gilt, durch chinesische antikoloniale Debatten des frühen 20. Jahrhunderts genutzt wurde, um Utopien einer selbstbestimmten Zukunft zu artikulieren und für emanzipative Bewegungen zu mobilisieren (Meinhof 2021). Zugleich akzeptierten sie dabei aber die Deutung von militärischer Schwäche als zivilisatorische »Rückständigkeit«, und die Idee einer unausweichlichen Notwendigkeit der Selbst-Transformation der Rückständigen, die aufgrund ihrer inhärenten Polyvalenz später auch als Grundlage für autoritäre Machtmodelle dienen konnte (Meinhof 2017). Meinhof hat daher das Konzept der »kolonialen Zeitlichkeit« vorgeschlagen, um ein Element im historischen Denken analytisch zu erarbeiten, das es ermöglicht, sich eine normativ lineare, tatsächlich aber in »fortschrittliche« und »rückständige« Orte fragmentierte Weltgeschichte vorzustellen und basierend darauf instabile Subjektivitäten zu konstruieren, die ständig zum »Aufholen« angehalten werden, aber zugleich einem Othering unterworfen werden, das sie niemals wirklich »ankommen« lässt. Meinhof argumentiert, dass koloniale Zeitlichkeit historisch untrennbar mit der Idee einer universalen, linearen Weltgeschichte verbunden ist, dieser aber eigentlich logisch widerspricht, weil Geschichte dadurch in ungleichzeitige, lokale Geschichten fragmentiert wird (Meinhof 2021). Die Betonung der paradoxen Logik dieses historischen Denkens und das Benennen eines nur analytisch unterscheidbaren Elements der kolonialen Zeitlichkeit zielen beide darauf ab, die emanzipativen Potenziale des Fortschrittsdiskurses, der für chinesische antikoloniale Bewegungen sehr bedeutsam war, ernst zu nehmen, aber analytisch von denjenigen Elementen zu trennen, die es möglich machten, Unterdrückung durch die Idee der Rückständigkeit zu rechtfertigen – es geht also darum, die Idee einer besseren Zukunft vor der Idee der rückständigen Subjekte zu retten und die Möglichkeit zu schaffen, den Fortschrittsdiskurs zu dekolonisieren.

Das Machtmodell der Kolonialität

Schließlich lehnen Paul und Leanza Quijanos Begriff der »Kolonialität der Macht« (Quijano 2008) als zu abstrakt ab und werfen ihm stellvertretend für postkoloniale Theorien vor, die vielfältigen Formen kolonialer Herrschaft zu homogenisierend darzustellen (Leanza, Paul 2021: 153 f.).

Tatsächlich steht hinter Paul und Leanzas Kritik aber wieder ein Missverständnis, basierend auf einer mangelnden Differenzierung zwischen Macht und Herrschaft. Dass Quijano sich selbst nie als postkolonialen Autor bezeichnet hätte und stattdessen eine Gründungsfigur der dekolonialen Perspektive ist, mag an dieser Stelle als eine Nuance abgetan werden. Wichtig ist aber, dass Paul und Leanza auf Grundlage ihres Interesses für vergleichende Forschung über politische Herrschaftszusammenhänge ein Konzept von staatlich organisierter Herrschaft über Territorien und Bevölkerungen, das sich für ihr Erkenntnisinteresse hervorragend eignet, nutzen und auf Quijanos Arbeit projizieren.

Quijano interessiert sich, wie viele post- und dekoloniale Autor*innen, für Äußerungen oder Aspekte gegenwärtiger Regime der Ungleichheit, Exklusion, Macht, Subjektivation usw., die sich genealogisch auf koloniale Beziehungen zurückführen lassen. Entsprechend entwickelt er eine Theorie eines kolonialen Machtmodells (in seinen Begriffen: Kolonialität), das sich aus kolonialen Herrschaftsformen heraus entwickelte, zwischen Kolonialreichen und Imperien zirkulierte und sich in verschiedenen Herrschaftspraktiken auf verschiedene Weisen manifestierte, und schließlich das Ende kolonialer Herrschaft überlebte, um die *postcolonial condition* der Gegenwartsgesellschaft zu formen. Aníbal Quijano, der in den 1960er Jahren zu den Dependenztheoretiker*innen gehörte, entwickelte seinen Begriff der »Kolonialität der Macht« (Quijano 2016) in engem Zusammenhang mit einer Analyse eines globalen Kapitalismus als Machtmodell. Als Kehrseite und notwendige Voraussetzung der Moderne stellt Kolonialität für Quijano deshalb eine Machtbeziehung zwischen (kolonialen) Zentren und (kolonisierten) Peripherien dar, die mit der Eroberung der Amerikas im 16. Jahrhundert entstanden ist. Während jedoch die administrative Kolonisierung in besetzten Gebieten mit der Erlangung der Unabhängigkeit endet, besteht Kolonialität auch dort in Form von politischen und sozialen Hierarchien, ökonomischen Abhängigkeiten und epistemischer Gewalt gegenüber ehemals Kolonisierten fort (Mignolo 2007; Quijano 2016).

Wenn Paul und Leanza angesichts einer solchen komplexen Genealogie kolonialer Macht von unzulässigen Vereinfachungen sprechen, hängt dies damit zusammen, dass sie Quijanos Argument über die Genealogie eines Machtmodells der Kolonialität als Aussage über eine homogene formale Herrschaftsstruktur uminterpretieren. Sie betrachten – und missverstehen – Quijano dabei durch das Raster ihrer eigenen Forschung über »Imperien« aus der Antike bis in die Gegenwart, die diese Imperien vom Kapitalismus entkoppelt und aus dem historischen Kontext ihrer Genese löst, und daher mit Quijanos Analyse von Kolonialität und Dekolonialität als Dimensionen der kapitalistischen Weltwirtschaft der letzten 500 Jahre nicht vereinbar ist, weil beide grundsätzlich völlig unterschiedliche, paradigmenabhängige Erkenntnisinteressen bedienen.

Dabei sind beide Perspektiven – auf formale koloniale Herrschaft und auf die Kolonialität der Macht – für die Soziologie gewinnbringend. Innerhalb postkolonialer Soziologie lassen sie sich nicht gegeneinander ausspielen, sondern können einander ergänzen: Ohne ein Verständnis der formalen kolonialen Herrschaft ist eine Theorie kolonialer Macht auf Sand gebaut, umgekehrt benötigt aber, wie sich an Paul und Leanzas eigener Definition zeigt, eine Forschung über formale Herrschaft auch ein Verständnis kolonialer Macht. Sie definieren Kolonialismus als eine »auf Dauer angelegte Fremdherrschaft [...] in der die einheimische Bevölkerung als grundsätzlich andersartig und ›minderwertig‹ gilt« (Leanza, Paul 2021: 155; Herv. i. O.). Dieses Verständnis von Kolonialismus als »Fremdherrschaft« erscheint aus postkolonialer Sicht problematisch, denn es riskiert, die im Kolonialismus stattfindenden Prozesse des Othering zu reifizieren – in postkolonialer Forschung soll ja beschrieben werden, wie und warum in bestimmten Konstellationen die Beherrschten zu »Fremden« gemacht wurden, während sie in anderen Konstellationen als »eigene« Bevölkerung deklariert und mit (wie auch immer begrenzten) Rechten ausgestattet wurden. Für das postkoloniale Erkenntnisinteresse erscheint damit nur noch der zweite Teil der Definition sinnvoll, nämlich die Definition von Kolonialismus über eine Klassifizierung der Beherrschten als anders oder minderwertig. Doch damit steht im Zentrum der Definition von Paul und Leanza eben ein Machtmodell, das auf einem Othering der Kolonisierten basiert und somit selbst kolonial ist.

Eine Genealogie der Kolonialität

Viele postkoloniale Theorien arbeiten also mit einer »entgrenzten«, in globalen Verflechtungen zirkulierenden, produktiven Macht des Kolonialen, weil eine solche Auffassung sich für das Anliegen einer genealogischen Kritik gegenwärtiger Formen der Ungleichheit sehr gut eignet. Das erlaubt es, höchst diverse, lokalisierte Praktiken in Bezug auf zwischen ihnen zirkulierende und ko-produzierte Machtmodelle zu untersuchen, und somit der Vielfalt der historischen Phänomene und Kontexte Rechnung zu tragen. Dies ist keine vereinfachende, sondern eine ermöglichende Perspektive, denn sie eröffnet eine Vielzahl neuer Forschungsperspektiven, und kann komplexe Praktiken, ihre Aushandlung und ihre Transformation in den Blick nehmen, gerade auch dort, wo sie räumlich oder zeitlich über formale Kolonien hinausweisen.

Das betrifft erstens Praktiken europäischer Kolonialmächte, die räumlich über kolonisierte Territorien reichen. Beispielsweise war China nie eine Kolonie europäischer Mächte, dennoch standen die vielfältigen Praktiken der Kolonialmächte in China in engem Verhältnis zu ihren Kolonien in anderen Teilen der Welt und wurden oft durch in Kolonien anderswo eingeübte Legitimationsstrategien gerechtfertigt (Meinhof 2021). So basierte etwa extraterritoriale Rechtsprechung des *United States Court for China* auf einer legalen Fiktion Chinas als ein US-Territory, die wiederum durch den vermeintlich »barbarischen« Zustand des chinesischen Rechts legitimiert wurde (Ruskola 2008). Die extraterritoriale Rechtsprechung bediente sich also kolonialer Praktiken und Diskurse, um die spezifischen Probleme eines US-Gerichtshofes in China zu lösen, ohne dass die USA tatsächlich eine Kolonie in China besaßen. Das Konzept einer über die Grenzen von »Kolonie« hinaus zirkulierenden Kolonialität kann das »Koloniale« in derartigen Praktiken thematisieren, und ermöglicht so auch ein Verständnis chinesischer Intellektueller des frühen 20. Jahrhunderts, die von China als Kolonie/kolonisiert (殖民) sprachen und sich über die Thematisierung gemeinsamer kolonialer Erfahrungen zum Beispiel mit indischen Autoren wie Tagore solidarisierten.

Zweitens betrifft dies aber auch Praktiken, die zeitlich über das Ende formaler Kolonien hinausweisen, denn ein Fokus auf Machtmodelle erlaubt eine Genealogie der Gegenwart, insbesondere gegenwärtiger Praktiken der Ausgrenzung, aber auch eine Genealogie der Vorstellungen über Moderne oder Identitätsbildern, die auf Othering beruhen.

Durch diese »Entgrenzung« des Kolonialen wird es zudem möglich, die Relevanz der Kolonisierten für die Entstehung der Moderne in den Blick zu nehmen, weil ein Fokus auf Kolonialität ja immer auch einen Fokus auf Widerstand, Hybridisierung, Ko-Produktion, Verflechtung und Relationalität impliziert. Meinhof (2017; 2021) hat zudem argumentiert, dass auch eine Analyse der partiellen Internalisierung und Ko-Produktion angeeigneter kolonialer Deutungsmuster durch ehemals kolonisierte Gruppen für ein Verständnis einer globalen Moderne weiterführend sein kann. Die Möglichkeit, eine derartige globale Zirkulation von sich transformierenden und immer wieder herausgeforderten/destabilisierten Elementen der Kolonialität zu beschreiben, ist wertvoll für postkoloniale Anliegen, denn ein Fokus auf Herrschaftspraktiken alleine würde die Handlungsfähigkeit der Kolonisierten unterschlagen und so durch die Hintertüre wieder ein eurozentrisches Modell der Diffusion einer (nun negativ bewerteten) Moderne von Europa in die Welt einführen.

Der Blick auf die globale Zirkulation von Kolonialität ermöglicht es auch zu adressieren, dass auf globaler Ebene die administrative Dekolonisierung der Welt noch nicht abgeschlossen ist und weiterhin massive Abhängigkeiten nach erkennbaren kolonialen Mustern herrschen, etwa in der Karibik (Boatcă 2019). Die meisten Gesellschaften der Karibik sind bis heute keine souveränen Staaten, sondern befinden sich auf einem Kontinuum zwischen dem Status einer Kolonie und fragmentierter oder partieller Unabhängigkeit, was für ihre Bevölkerungen mit eingeschränkten zivilen und politischen Rechten einhergeht. Ihr rechtlicher und politischer Status verkompliziert das Narrativ einer abgeschlossenen administrativen Dekolonisierung, die Kolonialismus ausschließlich in der Vergangenheit verortet. Dass dabei die Geschichte der Karibik zugleich europäische und US-amerikanische Geschichte ist, bedeutet zum einen, dass die Welt noch nie postkolonial war, zum anderen, dass sich uns ihre Bedeutung erst erschließt, wenn die Geschichte und Gegenwart kolonisierter Regionen zentraler Bestandteil der Analyse des kapitalistischen Systems werden.

Drittens kann ein Fokus auf Machtmodelle heterogene Forschungsprojekte in einen Dialog versetzen, weil er das Koloniale in gewissem Sinne »entgrenzt«. Gerade, weil sie Universalismen skeptisch gegenüberstehen, versuchen viele postkoloniale Arbeiten, an lokale Kontexte angepasst zu theoretisieren, was oft nur über detaillierte Fallstudien möglich ist (Seth 2009). Diese Idee einer detaillierten, auf qualitativen Studien basierenden theoretischen Begriffsbildung ist für die Soziologie keineswegs fremd, man denke nur an Debatten um »theoretische Empirie« in Deutschland (Kalthoff, Hirschauer, Lindemann 2019) oder an Burawoys Idee einer Theorieentwicklung in der *Extended Case Method* (Tavory, Timmermans 2009). Ein Fokus auf einem global zirkulierendes Machtmodell der Kolonialität statt auf einem System formaler Herrschaft ermöglicht die Verknüpfung derartiger Fallstudien über geteilte Forschungsfragen, geteilte Begriffe und eine ständige Re-Integration der einzelnen Forschungsergebnisse in die durch sie modifizierte Theorie.

Schluss

Post- und dekoloniale Ansätze beschäftigen sich mit einer in globalen Verflechtungen zirkulierenden, produktiven Macht des Kolonialen, das in die Gegenwart hineinreicht. Diese Theorien sind gesellschaftskritisch, weil sie die verdeckte Bedeutung des (oft vermeintlich) »nicht-europäischen« für die globale Moderne – anstatt von multiplen Modernen »anderer« Länder – in den Blick nehmen, und weil sie zugleich eine zutiefst dialektische Moderne beschreiben, in deren Inklusionsutopien oft von Anbeginn an auch Exklusionsfantasien und -praktiken eingebaut waren. Die moderne Institution der Staatsbürgerschaft ist dafür ein Paradebeispiel (Boatcă 2021b).

Vor allem sind diese Theorien aber ermöglichend – sie eröffnen die Möglichkeit für neue Forschungen zu globalen Verflechtungen, Kolonialität und zur Genealogie der Moderne. Sie erlauben es, die vermeintlich »fertigen« Theorien der Moderne neu aufzubrechen, statt nur die Skizzen vergangener Giganten mit Buntstift auszumalen. Sie ermöglichen insbesondere eine neue Reflexion, die selbst noch der letzten Gewissheit der modernen europäischen Selbstbegründung – der Vorstellung eines fixierten Europas als ursprünglichem Grund aller Moderne – den Boden unter den Füßen entzieht. Gerade an dieser Stelle ist die Kritik der Moderne von ihrer ausgeblendeten Kehrseite: der Kolonialität her eine notwendige Ergänzung. Die utopische Idee der Moderne als einer sich selbst begründenden Gesellschaft ist damit nur durch ihre Entidealisierung zu erreichen. Diese – zugespitzt auch als Entzauberung 2.0 zu verstehende Entidealisierung – ist auf das Eingeständnis der eigenen Kolonialität und der durch diese Kolonialität geschaffenen Reflexionsgrenzen angewiesen.

Paul und Leanza vertreten eine Perspektive, die das Koloniale räumlich in den Kolonien und zeitlich in den (vergangenen) großen Imperien verortet. Sie betrachten »Imperien« und teilweise auch »Kolonien«, aber gerade nicht postkoloniale Phänomene. Diese Perspektive ist zweifellos für Kolonialismusforschung relevant, insbesondere für vergleichende Imperienforschung, die durch klare Containerräume überhaupt erst die Möglichkeit gewinnt, sich Imperien als vergleichbare Einheiten vorzustellen. Problematisch ist allerdings, dass Paul und Leanza diese Perspektive verabsolutieren, statt zu reflektieren, dass Ansätze, die mit Konzepten des relationalen Raums, der produktiven Macht und von Herrschaft vs. Macht arbeiten, andere, ebenfalls relevante Arten von Forschung ermöglichen. Indem Paul und Leanza eine theoretische Debatte ablehnen und sich die Frage der Erkenntnismethode nicht stellen, projizieren sie die eigenen, nicht als kontingent reflektierten theoretischen Vorannahmen in die Argumente postkolonialer Autor*innen. Gerade darin bestätigt sich der Eindruck, dass neben der sehr wichtigen empirischen Forschung über Kolonialismus auch eine grundlegende (erkenntnis)theoretische Debatte über die verwendeten Kategorien stattfinden muss. Anders ist eine begründete Entscheidung für die eine oder andere Herangehensweise nicht möglich.

Literatur

Bhabha, Homi K. 2012: The Location of Culture. Hoboken: Taylor and Francis.

Bhambra, Gurminder K. 2007: Rethinking modernity. Postcolonialism and the sociological imagination. New York: Palgrave Macmillan.

Boatcă, Manuela 2010: Multiple Europes and the Politics of Difference Within. In Hauke Brunkhorst / Gerd Grözinger (eds.), The Study of Europe. Baden-Baden: Nomos, 51–66.

Boatcă, Manuela 2013: »From the Standpoint of Germanism«. A Postcolonial Critique of Weber's Theory of Race and Ethnicity. In Julian Go (ed.), Postcolonial Sociology. Bingley: Emerald Group Publishing Limited, 55–80.

Boatcă, Manuela 2016: Kapital aus Staatsbürgerschaft und die globale Strukturierung des Nationalen, Kapitalismus und Ungleichheit. Die neuen Verwerfungen. Frankfurt am Main, New York: Campus, 137–153.

Boatcă, Manuela 2017: The Centrality of Race to Inequality Across the World-System. Journal of World-Systems Research, vol. 23, no. 2, 465–473.

Boatcă, Manuela 2019: Forgotten Europes. In Heriberto Cairo Carou / Breno M. Bringel (eds.), Critical geopolitics and regional (re)configurations. Interregionalism and transnationalism between Latin America and Europe. London: Routledge, 96–116.

Boatcă, Manuela 2021a: Thinking Europe Otherwise. Lessons from the Caribbean. Current Sociology, vol. 21, no. 3, 389–414.

Boatcă, Manuela 2021b: Unequal institutions in the longue durée: citizenship through a Southern lens. Third World Quarterly, vol. 42, no. 9, 1–19.

Boatcă, Manuela / Costa, Sérgio 2010: Postkoloniale Soziologie: ein Programm. In Julia Reuter / Paula I. Villa (Hg.), Postkoloniale Soziologie. Empirische Befunde, theoretische Anschlüsse, politische Intervention. Bielefeld: transcript Verlag, 69–90.

Boatcă, Manuela / Farzin, Sina / Go, Julian 2018: Postcolonialism and Sociology. SOZIOLOGIE, 47. Jg., Heft 4, 423–438.

Buck-Morss, Susan 2000: Dreamworld and catastrophe. The passing of mass utopia in East and West. Cambridge: MIT Press.

Coronil, Fernando 2004: Latin American postcolonial studies and global decolonization. In Neil Lazarus (ed.), Postcolonial studies reader. Cambridge: Cambridge University Press, 221–240.

Ehrmann, Jeanette 2012: Politiken der Übersetzung Die Haitianische Revolution als Paradigma einer Dekolonisierung des Politischen. In Holger Zapf (Hg.), Nicht-westliches politisches Denken: zwischen kultureller Differenz und Hybridisierung. Wiesbaden: Springer VS, 109–125.

Go, Julian 2013: Decolonizing Bourdieu: colonial and Postcolonial Theory in Pierre Bourdieu's Early Work. Sociological Theory, vol. 31, no. 1, 49–74.

Go, Julian 2016: Postcolonial thought and social theory. New York: Oxford University Press.

Gutiérrez Rodriguez, Encarnación 1999: Fallstricke des Feminismus: Das Denken »kritischer Differenzen« ohne geopolitische Kontextualisierung. Einige Überlegungen zur Rezeption antirassistischer und postkolonialer Kritik. Polylog. Zeitschrift für interkulturelles Philosophieren, 4. Jg., Heft 1, 13–24.

Hine, Darlene C. / Keaton, Trica D. / Small, Stephen (Hg.) 2009: Black Europe and the African Diaspora: University of Illinois Press.

Holzinger, Markus 2019: Alter Wein in neuen Schläuchen oder was ist neu am »neuen Postkolonialismus«? SOZIOLOGIE, 48. Jg., Heft 2, 174–184.

Holzinger, Markus 2021: Im Westen noch immer nichts Neues. SOZIOLOGIE, 50. Jg., Heft 1, 66–76.

Kalthoff, Herbert / Hirschauer, Stefan / Lindemann, Gesa (Hg.) 2019: Theoretische Empirie: Zur Relevanz qualitativer Forschung. Frankfurt am Main: Suhrkamp.

Leanza, Matthias / Paul, Axel T. 2021: Kolonialismus und globale Moderne: Jenseits der Vereinfachungen. SOZIOLOGIE, 50. Jg., Heft 2, 150–165.

Marcus, George E. 1995: Ethnography in/of the world system: The emergence of multi-sited ethnography. Annual Review of Anthropology, vol. 24, no. 1, 95–117.

Meinhof, Marius 2017: Colonial Temporality and Chinese National Modernization Discourses. Interdisciplines, vol. 8, no.1, 51–80.

Meinhof, Marius 2020: Postkoloniale Soziologie oder Soziologie des Kolonialismus? Irritationspotentiale postkolonialen Denkens für die Soziologie. SOZIOLOGIE, 49. Jg., Heft 4, 410–422.

Meinhof, Marius 2021: Die Kolonialität der Moderne: Koloniale Zeitlichkeit und die Internalisierung der Idee der ›Rückständigkeit‹ in China. Zeitschrift für Soziologie, 50. Jg., Heft 1, 26–41.

Mignolo, Walter D. 2007: DELINKING. Cultural Studies, vol. 21, no. 2–3, 449–514.

Mignolo, Walter D. 2011: Geopolitik des Wahrnehmens und Erkennens. (De)Kolonialität, Grenzdenken und epistemischer Ungehorsam. Übersetzung von Tom Waibel. Transversal, https://transversal.at/transversal/0112/mignolo/de, letzter Aufruf am 10. Februar 2022.

Quijano, Aníbal 2008: Coloniality of Power, Eurocentrism, and Latin America. In Mabel Moraña / Enrique Dussel / Carlos A. Jáuregui (eds.), Coloniality at large. Latin America and the postcolonial debate. Durham: Duke University Press, 181–224.

Quijano, Aníbal 2016: Coloniality of Power and Eurocentrism in Latin America. International Sociology, vol. 15, no. 2, 215–232.

Randeria, Shalini 1999a: Jenseits von Soziologie und soziokultureller Anthropologie: Zur Ortsbestimmung der nichtwestlichen Welt in einer zukünftigen Sozialtheorie. Soziale Welt, 50. Jg., Heft 4, 373–382.

Randeria, Shalini 1999b: Geteilte Geschichte und verwobene Moderne. In Jörn Rüsen (Hg.), Zukunftsentwürfe: Ideen für eine Kultur der Veränderung. Frankfurt am Main: Campus, 87–96.

Randeria, Shalini 2002: Entangled Histories of Uneven Modernities: Civil Society, Caste Solidarities and Legal Pluralism in Post-Colonial India. In Yehuda Elkana / Ivan Krastev / Elisio Macamo / Shalini Randeria (eds.), Unraveling Ties: From Social Cohesion to New Practices of Connectedness. Frankfurt am Main, New York: Campus, 284–311.

Randeria, Shalini / Fuchs, Martin / Linkenbach, Antje (Hg.) 2004: Konfigurationen der Moderne. Diskurse zu Indien. Baden-Baden: Nomos.

Reckwitz, Andreas 2004: Die Logik der Grenzerhaltung und die Logik der Grenzüberschreitungen: Niklas Luhmann und die Kulturtheorien. In Günter Burkart / Gunter Runkel (Hg.), Luhmann und die Kulturtheorie. Frankfurt am Main: Suhrkamp, 213–240.

Reuter, Julia / Villa, Paula Irene 2010: Provincializing Soziologie. Postkoloniale Theorie als Herausforderung. In Julia Reuter / Paula Irene Villa (Hg.), Postkoloniale Soziologie. Empirische Befunde, theoretische Anschlüsse, politische Intervention. Bielefeld: transcript Verlag, 11–46.

Ruskola, Teemu 2008: Colonialism without colonies: On the extraterritorial jurisprudence of the U.S. court for China. Law and Contemporary Problems, vol. 71, no. 3, 217–242.

Said, Edward 1978: Orientalism. New York: Pantheon.

Santos, Boaventura d. S. 2007: Beyond abyssal thinking. From global lines to ecologies of knowledges. Eurozine Review, vol. 30, no. 1, 45–89

Santos, Fabio / Boatcă, Manuela 2022: Europeanization as Global Entanglement. In Sebastian M. Büttner / Monika Eigmüller / Susann Worschech (eds.), Sociology of Europeanization, Berlin: Walter de Gruyter, 105–132.

Seth, Sanjay 2009: Historical Sociology and Postcolonial Theory: Two Strategies for Challenging Eurocentrism. International Political Sociology, vol. 3, no. 3, 334–338.

Steyerl, Hito / Gutiérrez Rodriguez, Encarnación (Hg.) 2003: Spricht die Subalterne Deutsch? Migration und postkoloniale Kritik. Münster: Unrast Verlag.

Subrahmanyam, Sanjay 1997: Connected Histories: Notes towards a Reconfiguration of Early Modern Eurasia. Modern Asian Studies, vol. 31, no. 3, 735–762.

Tavory, Iddo / Timmermans, Stefan 2009: Two cases of ethnography: Grounded theory and the extended case method. Ethnography, vol. 10, no. 3, 243–263.

Trouillot, Michel-Rolph 1995: Silencing the Past. Power and the Production of History. Boston: Beacon Press.

Waltz, Susan 2001: Universalizing Human Rights: The Role of Small States in the Construction of the Universal Declaration of Human Rights. Human Rights Quarterly, vol. 23, no. 1, 44–72.

SOZIOLOGIE, 51. JG., HEFT 2, 2022, S. 145–195

Symposion

Medien der Soziologie

Einleitung

Dirk Baecker

Die Soziologie ist eine Wissenschaft. Mit jedem ihrer Sätze vertritt sie einen Wahrheitsanspruch, setzt sie sich einem kritischen Einwand aus. Es ist kaum zu glauben, aber mit diesen beiden Sätzen sind bereits fünf Medien genannt: Kritik, Wahrheit, Sprache, Wissenschaft, Soziologie. Mit jedem dieser Medien ist die Möglichkeit aufgerufen, die Dinge anders zu machen. Man kann Kritik so oder anders vortragen, Wahrheit so oder anders behaupten, Sätze so oder anders formulieren, Wissenschaft so oder anders betreiben, Soziologie so oder anders vertreten. Was immer Medien vermitteln, sie vermitteln gleichzeitig die Möglichkeit der Alternative.

Das Symposion, zu dem wir in diesem Heft eingeladen haben, macht sich diese Einsicht auch dann zunutze, wenn es um Medien im engeren Sinn der Phrasierung von Kommunikation und der Formierung von Einbildungskraft geht. Michael Guggenheim diskutiert Texte im Verhältnis zu Bildern, Zeichnungen und Fotografien. Moritz Klenk setzt Texte in ein Verhältnis zu Podcasts. Tobias Schlechtriemen untersucht Netzwerke als Beispiel jener bildlichen Vorstellungen, an denen sich die soziologische Einbildungskraft orientiert. Und Ulrik Brandes schaut sich genauer an, welche theoretischen Annahmen die Netzwerkforschung befähigen, Daten zu konstruieren.

Mit diesen Beiträgen möchte das Symposion eine Debatte eröffnen, die die Medienfrage für die Soziologie weiterverfolgt. Im Hintergrund dieser Debatte steht die auch von Ludwig Wittgenstein im *Tractatus* nicht beantwortete, aber immerhin aufgeworfene Frage nach dem Verhältnis von Bild, Satz und Sachverhalt. Im Hintergrund steht damit auch der Wunsch, die Selbstverständlichkeiten einer Textwissenschaft aufzulösen und genauer zu fragen, was Texte im Verhältnis zu Bildern, Formeln und Modellen leisten und nicht leisten. Man erinnert sich des Werbens von Wolf Lepenies, die Nachbarschaft von Soziologie und Literatur nicht zu fürchten, sondern zu pflegen. Andrew Abbott kann sich eine »lyrische Soziologie« vorstellen, die nicht erzählt und erklärt, sondern die Gegenwart ihres Gegenstands mit der Gegenwart des Schreibens über ihn emotional und emphatisch verknüpft. Ein Modell dafür wäre der französische Historiker Jules Michelet in der ihrerseits lyrischen Darstellung von Roland Barthes.

Wir bekommen es auch in der Soziologie mit einer naturalisierten Epistemologie à la Willard Van Orman Quine zu tun. Wir müssen uns fragen, welche Art von Wirklichkeit unsere Texte, Formeln, Modelle, Bilder und Gespräche schaffen.

Von Abbildungen zu Übersetzungen

Michael Guggenheim

Nach der Soziologie als Textwissenschaft

Wenn ich über die Medien der Soziologie nachdenke, oder genauer, in diesem Artikel Ihnen Gedanken in Textform vorführe, dann in dreierlei Hinsicht.[1] Erstens, weil ich zeigen will, dass die Soziologie (die ich hier und im Folgenden unzulässig hypostasiere) zu wenig genau über Medien nachdenkt. Zweitens, weil ich einen theoretischen Vorschlag unterbreiten möchte, wie sie besser und anders über Medien nachdenken könnte und drittens, weil daraus weitreichende Vorschläge über den tatsächlichen Mediengebrauch der Soziologie folgen.

Mit Medien der Soziologie bezeichne ich nicht im Sinne von Luhmann symbolisch generalisierte Kommunikationsmedien wie Wahrheit (Luhmann 1997: 190 ff.), auch nicht Massen- oder Verbreitungsmedien wie Fernsehen oder Zeitungen; es geht mir auch nicht um die soziologische Analyse der visuellen oder bildlichen Gestalt der Gesellschaft (siehe etwa Bohn 2012). Stattdessen bezeichne ich damit die *Medien der Wissensgenerierung*, also Texte, Zeichnungen, Film- und Videoaufnahmen, Fotos oder Diagramme, die

1 Die Argumente in diesem Aufsatz finden sich in ausführlicherer Form in Guggenheim (2015).

Soziologinnen herstellen, wenn sie die Welt in Daten verwandeln und diese Daten in weiteren Übersetzungsschritten als Soziologie einem Publikum präsentieren.

Sie werden vielleicht fragen: Filme? Zeichnungen? Die verwenden Soziologinnen doch gar nicht! Das sind doch die Medien der Massenmedien und der Kunst! Und genau darum soll es hier gehen: Um die *relative Gewöhnlichkeit und Häufigkeit* dieser Medien und ihre moralische Ökonomie, das heißt ihre implizite und, seltener, explizite Bewertung als geeignet für soziologische Wissensproduktion. Kurz gefasst lautet meine These: Der Glaube der Soziologie, dass Zeichnungen oder Fotos Soziologie in Kunst oder Journalismus verwandeln, ist nicht bloß Ausdruck einer wenig hilfreichen Medientheorie, sondern er verhindert sowohl, dass die Soziologie ihre theoretische Imagination verwirklicht, als auch dass sie zu einer härteren Wissenschaft wird. Ich argumentiere wie folgt: Erstens präsentiere ich eine Medientheorie, die Medien als Übersetzungen versteht. Zweitens führe ich vor, dass und wie die moralische Ökonomie der Soziologie einem ungleichen Mediendeterminismus anhängt, der Text als gegeben und Visualisierungen als problematisch versteht. Drittens demonstriere ich, dass dieser *common sense* der Soziologie den Beobachtungen der Wissenschaftsforschung über die Leistung von Visualisierungen in Wissenschaften widerspricht. Zuletzt mache in zwei Vorschläge, wie die Soziologie andere audio-visuelle Medien anders und besser einsetzen könnte.

Medien als Übersetzungen

Von Luhmann können wir lernen, dass ein Medien- und Formbegriff das Problem der Referenz durch die Frage ersetzt, »durch welche Formen sich etwas als Medium der Realisierung von Form konstituieren läßt« (Luhmann 1992: 183). Wichtig ist hier erst einmal nur, dass damit der Fokus weg von der Frage rückt: Ist das Objekt X identisch mit seiner Repräsentation X' (im Medium Y) und uns darauf verweist, dass jede Forschungsoperation darin resultiert, dass sich eine Form in einem Medium *konstituiert*. In der Akteur-Netzwerktheorie wird dies mit dem Begriff »Übersetzung« bezeichnet (Callon 1986). Der Übersetzungsbegriff weist darauf hin, dass ein Objekt übersetzt wird, das heißt von etwas, in etwas anderes verwandelt wird. Jede Übersetzungsoperation bedeutet, dass sich jemand zum Sprecher von etwas oder jemandem macht (ebd.: 223). Wissenschaftlerinnen machen sich zu

Sprecherinnen von Forschungsobjekten, um diese aufgrund forschungslogischer Kriterien besser handhabbar oder analysierbar zu machen (Latour 1990). Statt dass ein Mensch einfach erzählt, was ihm einfällt, erzeugen Fragebögen seine Meinungen als soziologisch weiterverwertbare Daten. Das bedeutet, dass *jede* Forschungsoperation neue Formen hervorbringt, die zudem oft in andere Medien als diejenigen der Ausgangsform übertragen werden. Mit jedem Übersetzungsschritt gehen Gewinne und Verluste einher. Beispiel: Ein gesprochenes Interview wird zu einem geschriebenen Text. Mit der Übersetzung von gesprochener Sprache in einer kopräsenten Interaktion zu Text verliert die Forscherin Ausdruck, (Dialekt-)Färbung, Rhythmus, sowie non-verbale Elemente. Sie gewinnt jedoch die Möglichkeit den Text schnell zu analysieren, hin und her zu springen, zu annotieren und codieren, zu zerschneiden und neu zusammenzusetzen.[2]

Der Fokus soll hier nicht auf der epistemologischen Frage nach Objektivität liegen. Die Frage ist nicht: Was verbindet dann die neue Form mit dem Objekt? *Wie* wird aus einer gesprochenen Interviewantwort ein den Text? Wichtig ist vielmehr, dass immer auch *andere* Formen in *anderen* Medien *möglich* wären. Wer ein Interview führt, sieht sich vor die Wahl gestellt, ob sie dieses Interview auf Video aufzeichnen, nur den Ton aufzeichnen, zusätzlich eine zeichnerische Skizze der Interviewsituation anfertigen, die Antworten mit stenographischer Schrift wörtlich aufschreiben oder sie sich einfach merken und später sinngemäß notieren will. Schon an diesem Beispiel wird deutlich – und jede Soziologin mit minimaler Forschungserfahrung kann dies bestätigen –, dass die Entscheidung für das eine oder andere Medium, für die eine oder andere Übersetzungsoperation eng an die Forschungsfrage, subdisziplinäre Präferenzen und Traditionen und spezifische Situationen (wo und unter welchen Bedingungen findet das Interview statt?) gekoppelt ist und nicht mit Verweis auf Objektivität beantwortet werden kann.

Es wird ebenso deutlich, dass die Praxis verschiedener Schulen und Subdisziplinen nicht ihrer selbstbehaupteten Wissenschaftlichkeit (im Sine einer Referenzlogik) entspricht. Eine kombinierte Ton- und Videoaufnahme eines Interviews resultiert in der *genauestmöglichen* Referenz. Aber die videogestützte Konversationsanalyse als Subdisziplin, in der diese Art der Referenzlogik betrieben wird, gilt fachintern kaum als die Spitze der Wissenschaftlichkeit. Ihre Selbsteinschätzung als »primitive Naturwissenschaft« wird außerhalb der Subdisziplin kaum geteilt (Lynch, Bogen 1994), schon gar nicht von

2 Beispielhaft für die Ethnographie Kalthoff (2003), für Videoanalysen Schindler, Liegl (2013).

quantifizierenden Subdiszplinen, die sich selbst für besonders wissenschaftlich halten.[3]

Das Beispiel des Interviews verdeutlicht auch, dass Soziologinnen einige Übersetzungsoptionen wesentlicher häufiger als andere benutzen. Zeichnerische oder diagrammatische Skizzen der Interviewsituation sind äußerst selten; der Sprung von gesprochenem Interview in vorgegebene Antwortskalen häufig. Zudem setzt die explizierte Wissenschaftspraxis selten bei solchen Medien-/Formüberlegungen an, sondern sie wird als schulisch oder subdisziplinär gegeben gesetzt. Personen und Medien sind forschungsbiographisch meist eng gekoppelt: Wer narrative Interviews macht, sucht sich häufig ein neues Projekt, bei dem wieder narrative Interviews *auf dieselbe Weise* übersetzt werden. Die kognitive Arbeit, sich in ein neues Thema einzulesen, fällt leichter als die Habitus sprengende, körperliche Erlernung neuer Medientechnologien.

Die moralische Medienökonomie der Soziologie: Medien und Funktionssysteme

Betrachten wir nun disziplin- und subsystemvergleichend die Frage nach der moralischen Ökonomie der Soziologie (Daston 1995). Lorraine Daston bezeichnet damit ein Set von historisch variablen, leitenden Hintergrundannahmen innerhalb der Wissenschaft, welche Operationen wissenschaftlich seien und wie sich Wissenschaftler zu verhalten haben. Mich interessiert hier spezifisch die moralische Ökonomie der *Medien*, denn, wie ich zeigen werde, weicht diese moralische Ökonomie der Soziologie von derjenigen anderer Disziplinen ab.

Beginnen wir mit einer Beobachtung: Medien sind nicht feld-, disziplin- oder funktionssystemspezifisch. Im Falle von Texten leuchtet dies Soziologinnen unmittelbar ein. Goethes »Werther« und Du Bois »The Philadelphia Negro« sind beides Texte und ihr Medium identifiziert sie nicht mit einem Funktionssystem. Dies geht so weit, dass es sogar Verlage gibt (etwa die gelbe Reihe bei Reclam), die sowohl Gedichte als auch soziologische Texte publizieren, die zudem gestalterisch ununterscheidbar sind. Soziologen glauben

3 Darauf hat kürzlich auch Stefan Hirschauer hingewiesen: »Der härteste Realismus in der Datenproduktion findet sich so gesehen in der sozialkonstruktivistischen Forschung, die radikalste Konstruktivität in der sogenannten ›Realwissenschaft‹ der analytisch-empirischen Soziologie.« (Hirschauer 2021: 59).

nicht, dass die Publikation in Reclams gelber Reihe aus ihrem Text ein Gedicht macht. Im Gegenteil, es ist gerade ein Kennzeichen des soziologischen *common sense*, spätestens seit Lepenies' »Die drei Kulturen« (1985; siehe auch Leenhardt 1992), dass die Soziologie durch eine spezifische Form des Schreibens definiert ist. Lepenies identifiziert die Position der Soziologie an der Form des Textes »zwischen Literatur und Wissenschaft«, wie es im Untertitel heißt, – und nicht »zwischen Literaturwissenschaft und Naturwissenschaft« oder »zwischen Kunst und Wissenschaft«. Gerade weil Lepenies davon ausgeht, dass die Soziologie durch ein Medium definiert ist (und nicht durch Übersetzungspraktiken), kann er den Fehler begehen, sie zwischen Funktionssystemen und nicht zwischen Disziplinen zu situieren. Diese Analyse teilt auch Renn (2021), dessen Buchtitel zwar Medientheorie verspricht, unter der Rubrik »Medien sozialen Sinns« jedoch »Text« von »Praxis« abgrenzt, und damit schon davon ausgeht, das Medium der Soziologie sei der Text: »Die soziologische Bezugnahme muss, als eine vornehmlich *sprachliche* Referenz auf etwas, selegieren, umformen, durch kategorial geordnete und ordnende Vordeutungen den Sinn ihrer Aussagen über die Welt konstituieren.« (Renn 2021: 9; meine Herv.). Der Fokus auf das Schreiben führt in beiden Fällen nicht zu einer Verallgemeinerung der zugrundeliegenden Medientheorie, sondern dazu, dass andere Medien ignoriert werden.

Sobald es sich jedoch nicht um Texte handelt, schwenkt die Soziologie auf eine andere Logik um: Zeichnen wird als Kunst ausgegrenzt, und Fotografie mit Journalismus identifiziert. Ersteres ist historisch schlicht und einfach so fremd und unbekannt, dass es kaum je erwähnt, und erst recht nicht explizit theoretisiert wird. Letzteres geht auf Abgrenzungskämpfe in der Gründungsphase (zumindest der US-amerikanischen) Soziologie zurück (Keller 2006; Stasz 1979). Die Fotografie wurde dabei einerseits mit Objektivitätsansprüchen überhäuft, die aus ihrem technischen Abbildcharakter abgeleitet wurden. Andererseits wurde die Fotografie zugleich aus der Soziologie herausdefiniert aufgrund eines, auch gegenderten, Professionskampfes zu einem Zeitpunkt, als sich die Disziplin akademisch erst etablierte: Sozialreformerinnen, viele davon Frauen, benutzten Fotos als Beweis für die schlechten Zustände in Slums; akademische Soziologen, die meisten davon Männer, versuchten sich davon abzusetzen durch den Fokus auf fotofreie Texte.

Innerhalb der Soziologie gilt außerdem eine, soziologisch offensichtlich unhaltbare Hierarchie der Subsysteme. Nicht nur wird Zeichnen oder Fotografie latent mit Kunst identifiziert, sondern der (Re-)import des Mediums in die Soziologie wird als Entwertung der Wissenschaft verstanden, da

Kunst nicht bloß als anders codiert verstanden wird, sondern wertend als *unwissenschaftlich* gilt.[4]

Zwar produzierte die Soziologie schon früh andere Formen der Visualisierung. Keller erinnert daran, dass es im 19. Jahrhundert »stets die schlichten, einfachen graphischen oder diagrammatischen Darstellungen der Gesellschaft« waren »die eigentliche ästhetische Begeisterung ausgelöst hatten« und es erlaubten, den Gegenstand Gesellschaft erst als legitimen Gegenstand von Wissenschaft zu etablieren (Keller 2006: 213). Man denke zudem an Otto Neurath oder an die kürzlich wiederentdeckten bahnbrechenden Visualisierungen von Du Bois (Battle-Baptiste, Rusert 2018), aber gerade diese zwei Pioniere sahen ihre Visualisierungen ebenfalls als Popularisierung. Das heißt, historisch brauchte es zuerst Visualisierungen, um den Gegenstand Gesellschaft zu etablieren, nur um dann, als der Gegenstand etabliert war, diese Visualisierungen als forschungspraktisch folgenlos in den Hintergrund zu drängen. Andererseits produzierte die Soziologie kaum Zeichnungen, ein Visualisierungsmedium, das in anderen Disziplinen[5] im frühen 20. Jahrhundert weit verbreitet war und immer noch ist.

Visuelle Methoden gelten demnach nicht einfach als Methoden unter anderen, sondern müssen mit ihrem Medium gekennzeichnet werden. Die visuelle Soziologie produziert aus diesem Grund Selbstlegitimationsdiskurse, die visuelle Methoden als dokumentarische Fotografie verstehen und als für Laien verständlich, direkt kommunizierend und Emotionen erzeugend ihre Popularisierungspotentiale anpreisen.[6] Dabei verwechselt dieser Diskurs, genau wie der *common sense*, die Praxis einer spezifischen Form dokumentarischer Fotografie mit angeblichen Eigenschaften des Mediums. Das führt dazu, dass einerseits die komplexen Übersetzungspotentiale von Fotografien unterschätzt werden. Dabei könnten, wie ich später weiter ausführen werde, nicht-abbildhafte, nur von Experten verstehbare Fotos und andere technische Bilder als geeignete Übersetzungsformen in der Soziologie viel breitere Verwendung finden. Es führt andererseits dazu, dass dieser Diskurs Fotografien gerade nicht als Forschungsmedien, sondern primär als Verbreitungsmedien versteht, beziehungsweise, präziser, diese beiden Funktionen in eins setzt. Die mangelnde medientechnische Auseinandersetzung mit Fotografie führt dazu, dass Fotografien nicht als komplexe Sequenzen der Übersetzung von Objekten in Daten und schließlich in Soziologie – und

4 Zur Schimpfwortgenerierungsfähigkeit fremder Funktionssysteme siehe Kieserling (2004: 128).

5 Geologie, Biologie, Ethnologie, Architektur(-geschichte).

6 Siehe Guggenheim (2015: 348 ff.) für eine detaillierte Analyse.

eventuell in einem weiteren Schritt in populäre Formen – verstanden werden, sondern als technische Abkürzung, die soziale Probleme ohne Umweg zu Laien transportiert. Dazu gehört auch die Idee, dass Ausstellungen ebenfalls qua Medium Popularisierungsformate seien. Die Idee, dass Fotos leicht verständlich seien, ist zudem ein Missverständnis, das sich ironischerweise gerade in der Kunst nicht findet. Im Gegenteil hat sich in der künstlerischen Praxis und den dazugehörigen Diskursen mit der Etablierung der Fotografie als Medium der Kunst längst eine Praxis eingebürgert, die gerade nicht-abbildhafte Aspekte der Fotografie und anderer technischer Medien betont, seien dies Projekte, die Realitätskonstruktionen hervorheben (zum Beispiel Jeff Wall), Abstraktionen entwerfen (früh: László Moholy-Nagy) oder die technische Beschaffenheit der Bilder selbst untersuchen (Hito Steyerl).

Die Ausnahmestellung der moralischen Medienökonomie der Soziologie

Bourdieu bemerkt in »Homo Academicus«, dass in der Soziologie »symbolische Profite« für diejenigen anfallen, die am besten darin seien, »die sichtbarsten Zeichen der Wissenschaftlichkeit zu imitieren« (Bourdieu 1988: 31; meine Übersetzung). Er hätte besser geschrieben: Der symbolische Profit geht zu denen, die die Zeichen imitieren, die Soziologen für wissenschaftlich halten. Denn die soeben beschriebene moralische Ökonomie und die darauf aufbauende visualisierungsfeindliche Praxis der Soziologie ist gerade nicht Zeichen ihrer Wissenschaftlichkeit. Dafür gibt es in der Wissenschaftsforschung sowohl theoretische als auch empirische Argumente. Beginnen wir mit letzterem. Wer jemals eine der großen naturwissenschaftlichen Zeitschriften wie *Nature* oder *Science* in der Hand gehabt hat, weiß: Die Zeitschriften sind großformatig, in Farbe gedruckt, und voller Visualisierungen.[7] Wichtiger noch, diese Bilder sind selten Fotografien erkennbarer Objekte, sondern für Laien nicht-identifizierbare Visualisierungen oft unsichtbarer Objekte, in Falschfarben, und mit Beschriftungen in den Bildern (Lynch, Woolgar 1990).

Smith et al. haben in einer quantitativen Studie diese Beobachtung bestätigt: die Visualisierungshäufigkeit in verschiedenen Disziplinen korreliert direkt mit ihrer im *common sense* verstandenen Wissenschaftlichkeit (Smith et al. 2000). Je ›härter‹ eine Disziplin dem allgemeinen Verständnis nach ist, desto

7 Laut Keller enthielt das *American Journal of Sociology* in seiner Anfangszeit (1895–1898) noch *mehr* Abbildungen als *Science* (Keller 2006: 205).

mehr Visualisierungen verwendet sie. Daraus folgt nicht, dass mehr Bilder die Soziologie automatisch wissenschaftlicher machen würden, aber es sollte zumindest die moralische Ökonomie widerlegen, dass die Bildfeindlichkeit der Soziologie Beleg ihrer Wissenschaftlichkeit sei.

Das theoretische Argument geht direkt auf die Übersetzungsnotwendigkeit von Repräsentation zurück. Aufgabe der Wissenschaft ist nicht, eine Kopie der Welt herzustellen, sondern Weltausschnitte analysierbar zu machen. Visuelle Repräsentationen haben spezifische Vorteile: Man kann Objekte, die in verschiedenen Welten und Realitätszuständen existieren (Emotionen, physische Distanzen, politische Einstellungen, Körperbewegungen) zusammenzeichnen und vergleichbar machen, man kann sie verschieben und kopieren, vergrößern und verkleinern und man kann Repräsentationen vermessen und beschriften (Latour 1990). Die zunehmende Entfernung der Repräsentation vom Objekt, die Abstraktion von der Ausgangsform ist nicht ein Fehler, sondern gerade eine Qualität der Wissenschaft: je mehr Übersetzungen, je länger die Kette der Übersetzungen und je komplexer die Übersetzungstechnologien desto besser, weil es für Kritiker schwieriger wird, die damit hergestellten Fakten zu hinterfragen (Latour 2013). Ein MRI hat keine visuelle Ähnlichkeit mit einem Gehirn, ist unlesbar für Laien, sondern es visualisiert etwas, das von bloßem Auge nicht sichtbar ist, und nur durch theoriegestütztes Sehen verstanden werden kann. Genau deswegen ist es eine gute wissenschaftliche Übersetzung.

Auswege: horizontale und technische Übersetzungen

Was folgt? Erstens müsste die Soziologie eine Medientheorie entwickeln, die Visualisierungen auf einem ähnlichen Abstraktionsniveau wie Texte versteht. Das heißt, Soziologinnen sollten Forschungen nicht mit Medienfestlegungen beginnen, sondern fragen, welche Medientechnologien soziologisch relevante Übersetzungen produzieren. Dies würde allmählich dazu führen, dass Soziologinnen nicht habituell Texte produzieren, sondern sich neue Medientechnologien aneignen. Dann würden zwei bislang minoritäre Formen von Visualisierung neue Prominenz erlangen. Auf der einen Seite, ähnlich der Gesellschaftstheorie als Text, sollten Visualisierungen des Sozialen wichtiger werden, die das Soziale als *neue Form imaginieren*. Dies wäre das visuelle Korrelat zum Pol der »Literatur« in Lepenies' »drei Kulturen«. Der

Kapitalismus, funktionale Differenzierung, das Anthropozän oder ein soziales Feld lassen sich nicht sehen oder gar fotografieren und sie erscheinen auch nicht in Interviews, sondern sie sind Formimaginationen der soziologischen Theorie. Sie können nicht von einem Objekt abgeleitet werden. Theorie, so verstanden, ist ein Prozess der Etablierung neuer Konzepte und vor allem von *Relationen* zwischen Begriffen. Es handelt sich dabei um horizontale Übersetzungen. Sie verlaufen nicht von Objekten zu Begriffen, sondern *zwischen* Begriffen. Diese Formimaginationen sind fundamental visuell. Sie entwerfen neue basale Grundformen der Gesellschaft: Netzwerke, Felder, grundlegende Geometrien (Lévi-Strauss' Dreiecke, Parsons' Vier-Felder-Schemata). Ihre Visualisierung existiert heutzutage wenn, dann als visuell arme Diagramme (Lynch 1991). Und dennoch sind Diagramme soweit verpönt, dass sie sogar dann, wenn sie den Autoren in ihrer eigenen Praxis als hilfreich erscheinen aus dem Endprodukt getilgt werden (Gell 1999). Damit hat sich die Soziologie zurückentwickelt, wenn man sie etwa mit dem Frontispiz von Leviathan vergleicht (Bredekamp 2003). Die zeichnerische Detaillierung des Frontispiz macht aus Leviathan nicht Kunst, sondern ist gerade wesentlich für seine theoretische Präzision und Reichhaltigkeit. Dabei geht es nicht um die Vermenschlichung der Form des Leviathan, sondern um die Detaillierung der Theorie als visuelle Form.

Auf der anderen Seite wäre der Wissenschaftspol von Lepenies: Dies würde bedeuten, dass die Soziologie, ähnlich wie die Naturwissenschaft Visualisierungen als hochabstrakte Versuche versteht, Unsichtbares sichtbar zu machen. Dazu würde gehören, dass die Soziologie eigene Visualisierungstechnologien entwickelt. Ein Beispiel dafür sind die Arbeiten von Bernd Kräftner und Judith Kröll zur Analyse von sozialen Bewusstseinszuständen von Wachkomapatienten (Research Center for Shared Incompetence, Kraeftner, Kroell 2010) oder unsere Arbeiten zur Spekulation mit zukünftigen Risiken (Guggenheim, Kraeftner, Kroell 2013). Im ersten Beispiel zeigen die Forscher Wachkomapatienten deren Lieblingsfilme. Die Patienten werden beim Filmschauen gefilmt und diese Bilder werden mit denen des Films synchronisiert und nebeneinandergestellt. Dann bewerten Angehörige der Patienten die Bildpaare, die wiederum nach dem Grad interpretatorischer Übereinkunft eingefärbt werden. Im zweiten Beispiel werden Teilnehmer aufgefordert, zukünftige gesellschaftliche Risiken in Sandkästen zu entwerfen. Diese Spiele werden dann Schritt für Schritt fotografiert und codiert. Ähnlich der naturwissenschaftlichen Bildproduktion findet in beiden Fällen eine teilautomatisierte Bildproduktion mit spezifisch dafür entwickelten

Aufnahmeapparaturen statt. Die resultierenden Bilder fungieren nicht als Einzelbilder, sondern als Datensequenzen. Die Bilder sind nicht Endprodukte, sondern Daten, die in einem Übersetzungsprozess weiter manipuliert werden, und sich dadurch sichtbar weiter von der ursprünglichen Situation entfernen.[8] Die Bilder bilden keine natürliche soziale Realität ab, sondern sie produzieren Bildrealitäten, die es außerhalb des soziologischen Fragekontextes nicht gibt und die für Laien nicht unmittelbar verstehbar sind. Die Objektivität der Bilder kann gerade nicht an ihrer Abbildfunktion abgelesen werden, sondern an der Tatsache, dass es sich dabei um komplexe Übersetzungen soziologischer Fragen handelt. Wenn horizontale und technische Übersetzungen zur soziologischen Normalität geworden sind, kann die Soziologie sich endlich als Wissenschaft unter anderen Wissenschaften verstehen.

Literatur

Battle-Baptiste, Whitney / Rusert, Britt (eds.) 2018: W.E.B. Du Bois's Data Portraits: Visualizing Black America. New York: Princeton Architectural Press.

Bohn, Cornelia 2012: Bildlichkeit und Sozialität. Welterzeugung mit visuellen Formen. Soziale Systeme, 18. Jg., Heft 1–2, 40–68.

Bourdieu, Pierre 1988: Homo Academicus. Stanford: Stanford University Press.

Bredekamp, Horst 2003: Thomas Hobbes, der Leviathan. Das Urbild des modernen Staates und seine Gegenbilder, 1651–2001. Berlin: Akademie-Verlag.

Callon, Michel 1986: Some Elements of a Sociology of Translation: Domestication of the Scallops and the Fisherman of St. Brieuc Bay. In John Law (ed.), Power, Action and Belief. A New Sociology of Knowledge? London: Routledge, 196–233.

Daston, Lorraine 1995: The Moral Economy of Science. Osiris, vol. 10, 2–24.

Gell, Alfred 1999: Strathernograms, or the Semiotics of Mixed Metaphors. In Eric Hirsch / Alfred Gell (eds.), The Art of Anthropology. Essays and Diagrams. London School of Economics monographs on social anthropology 67, London: Athlone Press, 29–75.

Guggenheim, Michael 2015: The Media of Sociology: Tight or Loose Translations? British Journal of Sociology, vol. 67, no. 2, 345–372.

Guggenheim, Michael / Kraeftner, Bernd / Kroell, Judith 2013: ›I don't know whether I need a further level of disaster‹: shifting media of sociology in the sandbox. Distinktion: Journal of Social Theory, vol. 14., no. 3, 284–304.

Hirschauer, Stefan 2021: Ungehaltene Dialoge. Zur Fortentwicklung soziologischer Intradisziplinarität. SOZIOLOGIE, 50. Jg., Heft 1, 46–65.

8 Etwa durch Einfärbung als Codierung im ersten Fall, und Beschriftung mit Aussagen der Spieler im zweiten Fall.

Kalthoff, Herbert 2003: Beobachtende Differenz. Instrumente der ethnografisch-soziologischen Forschung. Zeitschrift für Soziologie, 32. Jg., Heft 1, 70–90.

Keller, Felix 2006: Die Evidenz der Gesellschaft. Die Genealogie visueller Objekte im American Journal of Sociology. In Michael Cuntz / Barbara Nitsche / Isabell Otto / Marc Spaniol (Hg.), Die Listen der Evidenz. Köln: DuMont, 203–220.

Kieserling, André 2004: Selbstbeschreibung und Fremdbeschreibung. Beiträge zur Soziologie soziologischen Wissens. Frankfurt am Main: Suhrkamp.

Latour, Bruno 1990: Drawing Things Together. In Michael Lynch / Steve Woolgar (eds.), Representation in Scientific Practice. Cambridge, Mass.: MIT Press, 19–68.

Latour, Bruno 2013: The More Manipulations the Better. In Catelijne Coopmans / Michael Lynch / Janet Vertesi / Steve Woolgar (eds.) Representation in Scientific Practice Revisited. Cambridge, Mass.: MIT Press, 347–350.

Leenhardt, Jacques 1992: Writing and »Scientific Discourse« in Sociology. History of the Human Sciences, vol. 5., no. 1, 63–71.

Lepenies, Wolf 1985: Die drei Kulturen: Soziologie zwischen Literatur und Wissenschaft. München: Hanser.

Luhmann, Niklas 1992: Die Wissenschaft der Gesellschaft. Frankfurt am Main: Suhrkamp.

Luhmann, Niklas 1997: Die Gesellschaft der Gesellschaft. Frankfurt am Main: Suhrkamp.

Lynch, Michael 1991: Pictures of Nothing? Visual Construals in Social Theory. Sociological Theory, vol. 9, no. 1, 1–21.

Lynch, Michael / Bogen, David 1994: Harvey Sacks's Primitive Natural Science. Theory, Culture & Society, vol. 11, no. 4, 65–104.

Lynch, Michael / Woolgar, Steve (eds.) 1990: Representation in Scientific Practice. Cambridge, Mass.: MIT Press.

Renn, Joachim 2021: Indirekte Referenz – Pragmatischer Realismus und Medientheorie. Bielefeld: Transcript.

Research Center for Shared Incompetence / Kraeftner, Bernd / Kroell, Judith 2010: A Pillow Squirrel and Its Habitat: Patients, a Syndrome, and Their Dwelling(s). In Michael W.J. Schillmeier / Miquel Domenech (eds.), New Technologies and Emerging Spaces of Care. Farnham: Ashgate, 169–195.

Schindler, Larissa / Liegl, Michael 2013: Praxisgeschulte Sehfertigkeit: Zur Fundierung audiovisueller Verfahren in der visuellen Soziologie. Soziale Welt, 64. Jg., Heft 1–2, 51–67.

Smith, Laurence D. / Best, Lisa A. / Stubbs, D. Alan / Johnston, John / Bastiani Archibald, Andrea 2000: Scientific Graphs and the Hierarchy of the Sciences: A Latourian Survey of Inscription Practices. Social Studies of Science, vol. 30, no.1, 73–94.

Stasz, Clarice 1979: The Early History of Visual Sociology. In Jon Wagner (ed.), Images of Information: Still Photography in the Social Sciences. Sage Focus Editions vol. 13. London: Sage Publications, 119–135.

The Future Of Sociology Will (Not) Be Podcasted

Podcasts als Medium der Soziologie

Moritz Klenk[1]

Ich brauche eine Pause, meine Augen brennen, das ständige Starren auf den Bildschirm und die Bewegungslosigkeit lassen mich unruhig werden. Ich lasse meine Notizen liegen, klappe das Laptop zu, ziehe meine Jacke an und gehe raus. Vielleicht kann ich unterwegs noch ein paar Erledigungen machen, dies das eben, auch Soziologen[2] *müssen schließlich manchmal einkaufen, Besorgungen erledigen, die Post aus der verlassenen Uni holen, und natürlich auch: die Wohnung aufräumen, putzen, kochen, essen, usw.*

In meinem Podcatcher hängen noch die letzten Minuten der Future Histories *Folge zu Tauschlogik mit Friederike Habermann in der Playlist, anschließend eine Folge* How Sound *und dann steht die Vorlesung zu Natur von Gernot Böhme an, die ich erst vor Kurzem gefunden habe. Mit der Stimme von Jan Groos und Friederike Habermann im Ohr gehe ich raus, laufe, höre zu und denke nach. Ab und an mach ich mir einen Screenshot des Sperrbildschirms, der den Podcastplayer, Bild und Zeitmarke zeigt, wenn ich eine besonders interessante Formulierung oder Idee höre und lege sie ab, als kleine Notiz für später, wenn ich am Rechner bin, vielleicht noch ein Stichwort dazu auf den Screenshot geschrieben. Und weiter geht es.*

Soziologie ist ein Gehsport.

***

Die Zeiten der großen Radiodebatten des soziologischen Diskurses sind vorbei. Noch in den 1960er, 1970er, weniger schon in den 1980er Jahren war die Soziologie ein Fach von größter gesellschaftlicher Bedeutung und Reichweite, ihre Vertreter (sic!) waren gefragte und regelmäßige Gäste in öffentlich-rechtlichen Rundfunksendungen. Auf den ersten Blick könnte man

1 Sie können diesen Beitrag auch anhören:

2 Streng genommen in meinem Fall Kulturwissenschaftler.

meinen, dies gelte heute noch: zeitdiagnostische soziologische Expertise ist als *public sociology* stark nachgefragt. Gleichwohl hat sich etwas Grundlegendes verändert: Auch wenn der »lange Sommer der Theorie« (Felsch 2015) lange vorbei ist, gab es mit ihm eine Zeit, in der der *soziologische Fachdiskurs selbst Gegenstand öffentlichen Interesses* war. Dieser sollte Fragen zur öffentlichen Debatte beitragen, statt nur nützliche Antworten etwa zum Zwecke der Politikberatung und Gesellschaftssteuerung zu liefern. Wissenschaftliches Ringen um soziologische Erkenntnis, theoretische und methodologische Probleme oder noch offene Fragen wurden in anspruchsvoller und nicht vorauseilend auf Allgemeinverständlichkeit ›optimierter‹ Weise *im Medium der soziologischen Debatte selbst* ausgestrahlt. Zwar erfüllte der Rundfunk auch damals nicht, was Brecht schon 1932 als zentrale Aufgabe formulierte, nämlich, den »Rundfunk [...] von einem Distributionsapparat in einen Kommunikationsapparat zu verwandeln« (Brecht 1967: 129), doch scheint von heute aus betrachtet die Distributionsfunktion öffentlicher Medienanstalten eher noch zugenommen zu haben, statt ein Ort der Aushandlung zu sein. Die Soziologie hat diesen Prozess stützend begleitet, bisweilen vielleicht sogar beschleunigt. Offene Fragen finden sich wenige, diagnostische Antworten nehmen dagegen zu. Aus aktuellem Anlass oder nostalgischen Gründen kann man sich daher heute noch wie damals über Archivaufnahmen aus der Fachgeschichte der Soziologie freuen. Und es gibt sie. Sie sind nicht verschwunden, wenn auch praktisch unmöglich zu finden.

In den Archiven der Medienhäuser liegen sie noch und sollen für wissenschaftliche Zwecke (in Forschung und Lehre) ›zugänglich‹ sein. Was zugänglich und verfügbar bedeutet, erfährt, wer sich um eine solche Aufnahme bemüht. Gegen eine bescheidene Gebühr für eine »Technikerstunde« kann man an eine einzelne Aufnahme gelangen, aber auch nur, wenn man weiß, wonach man fragt. Eine Übersicht der Aufzeichnungen in den Archiven ist nicht zu finden. Ich zitiere aus der Antwortemail auf eine Anfrage für die Zusendung eines Vortrags im Archiv des Deutschlandfunks für Lehrzwecke:

> »Für den Zugang durch Wissenschaft und Forschung gelten in den öffentlich-rechtlichen Rundfunkanstalten (ARD, ZDF, Deutschlandradio) und im Deutschen Rundfunkarchiv einheitliche Regelungen […] Senden Sie uns die unterschriebene Vereinbarung zur Audio-Überlassung […] als Mail (Scan) zurück oder postalisch […] zurück – dann gehen Ihnen der Downloadlink und die Rechnung zu. *Wir bitten zu beachten, dass für Audiokopien zur Deckung der entstandenen Selbstkosten 30 € je Technikerstunde in Rechnung gestellt werden.*« (Mail Deutschlandfunk, Juni 2021, Hervorhebung M.K.)

Man stellt sich unweigerlich einen Techniker vor, der in dunklen Kellern Tonbänder sucht, sie entstaubt, dann von Hand digitalisiert und hochlädt, um einen Downloadlink zu verschicken. Da ist die Gebühr von 30 Euro natürlich gerechtfertigt. Sie machen dort wirklich alles möglich.

Vielleicht schreitet die Digitalisierung – zumindest hier – all zu langsam voran, doch ob es solche verborgenen Archive[3] noch bräuchte, mag man bezweifeln. Ich halte es für eine zentrale Aufgabe soziologischer Fachgesellschaften und Fachinformationsdienste, solches Material zu befreien und zu sammeln – und gibt es dafür nicht schon längst eine medientechnologische Antwort?

Podcasts als Medium der Soziologie

Außerhalb der Soziologie sind Podcasts in aller Ohren und Munde. In der Medienwissenschaft sowie in angrenzenden Disziplinen befassen sich mittlerweile zahlreiche Forscher:innen mit Podcasts in einzelnen Projekten oder größeren Projektverbünden.[4] Podcasts als Medium sind einem breiten Publikum bekannt. Für die folgenden Überlegungen genügt es daher zu notieren, dass es sich bei Podcasts um RSS-feeds zur Verbreitung und zum Download von (meist) Audioinhalten handelt. Sie werden meist über Smartphones und Kopfhörer gehört, können aber auch auf Websites abgespielt oder heruntergeladen werden. In den vergangenen Jahren wurden Podcasts zudem um die Möglichkeit der Integration von Bildern, Kapitelmarken zur Navigation und Transkripten[5] zur einfacheren Durchsuchbarkeit von Audiodateien ergänzt.

3 Alternativen zu jenen verstreuten Archiven radiojournalistischer Erzeugnisse kenne ich kaum welche, erst recht keine von besonderem Interesse für das Fach Soziologie. Auch die DGS verfügt meines Wissens nicht über eine solche Sammlung – oder hält sie streng geheim. Techniker ist informiert? Die Eingabemaske des Recherchetools des Fachinformationsdienstes SocioHub kennt nicht einmal andere als schriftliche Formate. Eine Suche nach dem Stichwort »Podcast« bringt in Publikationen 0 Ergebnisse.

4 Es entstehen Studien und Forschungsnetzwerke, vgl. etwa: Edirisingha, Salmon 2009; Llinares, Fox, Berry 2018; Reynolds, Overton, Hewitt 2008; Spinelli 2019 oder das 2020 erschiene Sonderheft »Podcasts« des Online-Journals *kommunikation@gesellschaft* sowie die Webseite https://podcaststudies.org/phd-network/. Von einer Soziologie des Podcasts dagegen fehlt jede Spur, beziehungsweise gibt es erst eine winzige: die Ad-hoc Gruppe »Podcasts in der Soziologie« am 40. Kongress der DGS (vgl. Wetzel 2020). Dies war meines Wissens die erste Diskussion über mögliche Chancen von Podcasts für die Soziologie. Das Feld der existierenden soziologischen Podcasts ist dagegen – zum Glück – schon etwas größer.

5 Für die Herstellung von Transkripten stehen mittlerweile einfache, kostengünstige und automatisierte Möglichkeiten zur Verfügung, die zwar nicht fehlerfrei transkribieren, aber

In der Diskussion von Podcasts als Medium der Soziologie sind diese Eckpunkte bestimmende Struktur für mögliche Formen und Formate. Die damit schon heute möglichen Formen sind noch lange nicht ausgeschöpft und werden zudem beständig erweitert. Die Zukunft des Mediums scheint zum jetzigen Zeitpunkt offener als die vieler anderer.

***

Gestern habe ich mir einige Vorträge einer Ringvorlesung heruntergeladen, die auf irgendeiner Institutswebsite herumliegen, und sie in meinen Podcatcher auf meinem Smartphone geworfen (oder fallen gelassen – Airdrop). Dort hängen sie nun in der Warteschlange – als wären sie ein Podcast. Raus, laufen, den Neckar entlang zur Schleuse und zurück. Ich höre dem Vortrag zu und denke mir, genau, so will ich die Vorlesung nächste Woche aufbauen. Es ist wie ein Trick; die Struktur ist hervorragend, der Vortrag klar, ein bisschen schräg, aber frei gehalten und trotzdem spannen sich die Fäden zu einem weiten Netz und führen am Schluss wieder zusammen. Wie so oft stelle ich fest, dass das nie expliziter Teil soziologischer Lehre war. Blumenberg sagte so etwas Ähnliches über die Philosophie: Nur durch Zuhören lernt man, wie es gemacht wird. Er sagte, glaube ich, Zusehen, aber er wusste auch noch nichts von Podcasts.

***

Das düstere Bild stimmt nicht ganz: Es gibt natürlich schon länger auch soziologische Podcasts. In den ersten Jahren fanden sich etwa Gesprächsformate zu soziologischen Themen, zum Teil von Soziolog:innen oder Soziologiestudent:innen, zum Teil von an soziologischen Fragestellungen Interessierten.[6] Nicht unüblich für Podcasts sind einige wieder eingeschlafen oder pausieren auf unbestimmte Zeit. Andere soziologische Audioinhalte sind zwar nicht als Podcast veröffentlicht, können aber über einen entsprechenden RSS-Feed manuell von Podcatchern abonniert werden.[7] Doch erst in den letzten Jahren haben sich neue, wirklich interessante Formate entwickeln können, von denen ich zwei näher vorstellen möchte. Für weitere Hinweise finden die geneigten Hörer:innen am Ende des Beitrags

dennoch sehr gute Durchsuchbarkeit ermöglichen. Die Einbindung von Transkripten in den Webplayer der Podcasts bietet damit für die wissenschaftliche Nutzung sowie für die Barrierefreiheit von Podcasts für höreingeschränkte Menschen entscheidende Vorteile.

6 Zu nennen wären hier der SozioPod, das Soziologische Kaffeekränzchen, der SoWi-Stammtisch oder das Soziologische Duett (Links und Hinweise siehe unten).

7 Hier sei exemplarisch etwa auf die online zur Verfügung gestellten Vorlesungen von Wolfgang Eßbach hingewiesen, die sich auf dem so genannten »Videoportal« der Universität Freiburg finden: https://videoportal.uni-freiburg.de/. Die Abonnement-Funktion ist hier leider nur für erfahrene Podcast-Nutzer:innen erreichbar.

zahlreiche Links zu erwähnten und nicht erwähnten, mir bekannten, soziologisch relevanten Podcasts.[8]

Sprechen. Hören. Denken. Leipziger Podcast-Ethnografie

Ein großartiges Podcastprojekt der letzten Jahre, das hier nicht exemplarisch, sondern als richtungsweisend vorgestellt werden soll, ist »Sprechen. Hören. Denken. Leipziger Podcast-Ethnografie«, ein Podcast, der aus einem Seminar mit gleichem Titel am Institut für Kulturwissenschaften an der Universität Leipzig entstand. Anna Rebecca Bertram, Andreas Bischof und Thomas Schmidt-Lux schreiben über die Hintergründe:

> »Wir hoffen, mit dem Format Podcast die Methode der Ethnografie – und die didaktischen Mittel ihrer Aneignung – zu erweitern. Die Ethnografie beruht neben Texten schon immer auf verschiedenen Medien und Erhebungsformen wie Zeichnungen, Fotografien, Videos. Hinzu tritt nun – eben über Podcasts – das spezifische Moment der menschlichen Stimme und die Möglichkeit zur Audioethnografie.« (Bertram, Bischof, Schmidt-Lux 2020a)

Der Podcast ist Versuch und Exploration eines Möglichkeitsraums für Forschung und Lehre am Gegenstand der Stadtethnografie, konkret der Stadt Leipzig. Gebunden an und verwoben mit der menschlichen Stimme sind es notwendig diese konkreten Bezüge und Verortungen, die in Podcasts als Medium der Forschung auftreten, zur Sprache und zum Klang kommen. Auch wenn der Podcast studentische Beiträge aus einem Seminarkontext veröffentlicht und dieses weder notwendig ein Studium in Sound Art, Audio Post-Production oder Radiojournalismus und die dafür nötigen Fertigkeiten in Recording und Software voraussetzt, sind die Folgen beeindruckende Ergebnisse einer methodischen und methodologischen Suchbewegung, die meines Erachtens einen wesentlichen Beitrag zur deutschsprachigen Kultursoziologie leisten. Wer hören kann, die höre! Wie sich Sprache, Sinn, Stimme, der Sound der Stadt und ihrer (strukturierenden und strukturierten) Materialität verbinden; auf welch wunderbare Weise den sonst im Transkript

8 Aufgrund mangelnder Übersichtlichkeit der Podcastverzeichnisse und fehlender fachspezifischer Sammlungen kann ich selbstverständlich nicht garantieren, dass mir nicht der ein oder andere deutschsprachige soziologische Podcast entgangen ist. Dies bitte ich zu entschuldigen, doch mag es vielleicht auch als ein Indiz betrachtet werden, dass für die Kartographie noch einige Arbeit geleistet werden müsste.

– oder schlimmer: nur in der Paraphrase des Transkripts – zum Verstummen gebrachten Interviewees der ethnografischen Forschung nun tatsächlich eine Stimme gegeben und wie marginalisierten Menschen Gehör verschafft wird, nicht nur, aber auch im Kontext einer engagierten Ethnografie.

Die Arbeit des Podcasts mit heterogenen Themen und Fragen, Materialien und Materialitäten, mit Formen explorativen Sprechens, dem Ringen um Wissenschaftlichkeit der Darstellung im Mündlichen, einem »[Ausloten] einer Form des ›sprechenden Denkens‹« (Bertram, Bischof, Schmidt-Lux 2020b) leistet gerade in deren Vielfalt einen für weitere Versuche entscheidenden Beitrag zur Orientierung.

Future Histories

Der zweite Podcast, den ich hier erwähnen möchte, ist »Future Histories«, ein Gesprächspodcast[9] von Jan Groos, wissenschaftlicher Mitarbeiter an der Universität Kiel. Ziel und Gegenstand des Podcasts ist die »Erweiterung unserer Vorstellungen von Zukunft« und Groos erarbeitet diese mit namhaften und weniger bekannten Diskussionspartner:innen in Gesprächen über deren je konkrete Forschungsthemen.

Dieser Podcast ist, wenngleich nicht klassisch im Diskurs der Soziologie verwurzelt, sondern von der Sache her sich die Bezüge zu verschiedenen Disziplinen und Diskursen erarbeitend,[10] vielleicht der zurzeit großartigste soziologisch relevante Podcast im deutschsprachigen Raum. Zum einen ist die Produktion des Podcasts auf das Wesentliche reduziert und zugleich von höchstem Anspruch und sehr guter (Sound-)Qualität. Zum anderen mag auch das Thema an der Grenze zur spekulativen Gesellschaftstheorie für Soziolog:innen relevant sein, ist doch Vorstellungsvermögen wesentliche Voraussetzung, um das Gegenwärtige in seiner Differenz zum Vergangenen und in seiner Bedeutung für Zukünftiges überhaupt zu erkennen. Spätestens seit Überlegungen zum »Postcontemporary« (vgl. Avanessian, Malik 2016) wird die soziologische Textgattung der Zeit- oder Gesellschaftsdiagnose heute notwendig spekulativ.

9 Ich unterscheide streng (wenn auch die Grenzen fließend verlaufen) zwischen Interview und Gespräch. Wo im ersten die Fragen ihre Antworten vom Gegenüber erwarten, schafft letztes die Situation der Wissensproduktion und Erörterung selbst und im gemeinsamen Miteinander.

10 Etwa aus der Philosophie, Literaturwissenschaft, Ökonomie, Politikwissenschaft, politischem Engagement oder anderen kulturwissenschaftlichen Disziplinen.

Schließlich aber sind der formale Charakter des Podcasts und der Anspruch eine Herausforderung der Ordnung des soziologischen Diskurses: Jan Groos' Arbeit versteht sich nicht nur als Gesprächspodcast zum Interesse aller Hörer:innen, sondern vor allem auch als Teil der »erweiterten Forschungspraxis«. Wenn die Forschungsliteratur zur eigenen Arbeit nicht ausreicht oder sich weitere Fragen aus der Lektüre ergeben – warum nicht das Gespräch suchen? Mit welchem Anspruch gilt nur das geschriebene Wort als wissenschaftlich verlässlich? Die sorgfältige Arbeit von Jan Groos und seiner großartigen Gesprächspartner:innen stellt dieses mit jedem Text fortgeschriebene Gesetz des Diskurses in jedem Gespräch neu infrage.

Podcasts und ihre Möglichkeiten

Im Kontext der vergangenen zwei Jahre der Pandemie gewannen besonders solche als ›Wissenschaftspodcast‹ bezeichnete Formate[11] der *public science* oder der Wissenschaftskommunikation an öffentlicher Aufmerksamkeit. So wichtig solche Formate sein mögen und so unbestritten geeignet das Medium Podcast hierfür ist, so wenig handelt es sich dabei meines Erachtens nach um Wissenschaftspodcasts in einem strengen Sinne. Vielmehr geht es vorrangig um die ehemals wissenschafts*journalistische* Aufgabe der *Vermittlung wissenschaftlicher Ergebnisse* für ein breites Laienpublikum, die heute zunehmend als Aufgabe der Wissenschaften selbst verstanden wird. Solche Podcasts sind jedoch insofern noch nicht *Medium der Wissenschaften*, als sich in ihnen nicht wissenschaftliche Arbeit selbst vollzieht.[12] Ein auf peer-review und ein großes Verlagswesen basiertes wissenschaftliches Publikationssystem vertraut noch immer und unverständlicher Weise *nur* dem geschriebenen Wort: Auch wenn mündliche Vorträge auf Konferenzen als wesentlich für den Diskurs erachtet werden, Vorlesungen wichtiger Vertreter:innen der Disziplinen in Transkriptform erscheinen und so als zitationswürdige ›Quellen der Wahrheit‹ erschlossen werden, und auch wenn wir alle täglich den mündlichen Austausch mit Kolleg:innen über die eigene Arbeit und die der anderen für unersetzlich halten – was nicht geschrieben steht, gilt nicht als

11 Das prominenteste Beispiel ist trotz nachlassender Aufmerksamkeit außerhalb der hausinternen Berichterstattung der ARD wohl noch immer der Podcast »Corona Update« mit Christian Drosten zu seinen aktuellen Einschätzungen zur Covid-19 Pandemie.

12 Ein soziologisches Gegenbeispiel wäre hier vielleicht der Podcast »Soziologische Perspektiven auf die Corona-Krise«, der am WZB organisiert wird (siehe unten).

Wissenschaft. Die ehemals einfachere Verbreitung geschriebener Texte im Unterschied zu Audioaufzeichnungen ist schon seit mindestens 15 Jahren kein wirkliches Argument mehr, heute aber gänzlich unerheblich. Doch nicht nur der mündlichen wissenschaftlichen Arbeit an Begriffen, Theorien oder Methoden könnte und müsste im Medium von Podcasts zu neuer Bedeutung verholfen werden.

Im abschließenden Abschnitt möchte ich einige Zusammenhänge und Formate vorstellen, deren Bedeutung für die Soziologie von noch unschätzbarem Wert sein könnten (vgl. hierzu auch Klenk 2020a, Abschnitt 5).

Gespräche und Debatten

Trotz der Fetischisierung der Schrift als Medium wissenschaftlicher Diskurse vollzieht sich ein großer, vielleicht der größte Teil täglicher wissenschaftlicher Arbeit im Medium mündlicher Sprache und näher: Gesprächen. Diese vermeintlich triviale Beobachtung wird unter der Herrschaft des Schriftlichen in der Wissenschaft weitgehend verschwiegen, taucht in ihrem Mündlichkeitsagnostizismus nicht auf. Könnte und müsste nicht aber diesem Umstand strenger Rechnung getragen werden? Podcasts können hier erstmals – einfach und günstig zu publizieren – einen eigenen Beitrag leisten. Neben der Arbeit an geschriebenen Texten geht es um die Form und Entwicklung von Formaten eines »sprechenden Denkens« (vgl. Klenk 2020b, 2020a). Nicht als ihre bloß sekundäre Performanz stellt sich hier die Möglichkeit und Aufgabe, die Transparenz und Nachvollziehbarkeit (soziologisch-)wissenschaftlicher Wissensgenese, ja die Praxis der Soziologie in ihrer *Durchführung als Darstellung reflexiv-dialektischer Beobachtung* zugänglich zu machen. Gespräche können und müssen als ein eigenständiges Format wissenschaftlicher Darstellung verstanden und in ihrer eigenen medialen Logik (weiter-)entwickelt werden. Die oben vorgestellten Podcasts »Sprechen. Hören. Denken.« und »Future Histories« weisen bereits in diese Richtung:[13] Gespräche können durchaus als eigene wissenschaftliche Ressource der Erkenntnis und zitationsfähige Quelle für den wissenschaftlichen Diskurs zählen. Dabei geht

13 Ergänzend will ich noch auf den Podcast »Der Streit« von Robert Seyfert und André Armbruster hinweisen, der sich – ebenfalls ein Gesprächspodcast – am klassischen Lektüreseminar orientiert und damit einen interessanten Zugang zu hermeneutischen, argumentierenden, eng am Text geführten Diskussion aktueller soziologischer Texte bietet (Link siehe unten).

es selbstverständlich weder um ein Zurück zu einer vermeintlich ursprünglichen Mündlichkeit noch um eine prinzipielle Infragestellung der Schriftlichkeit des wissenschaftlichen Diskurses, sondern vielmehr um eine wechselseitige Weiterentwicklung, die die erkenntnistheoretischen Bedingungen soziologischer Praxis und ihrer Medien in den Blick nimmt und zu Stimme und Gehör verhilft.

Feldnotizen und Forschungsdokumentation

Spätestens seit Malinowskis Tagebüchern und der Veröffentlichung seiner Feldnotizen ist bekannt, dass zwischen der ›reinen‹ wissenschaftlichen Wahrheit der Analyse und der forschenden Beobachtung die idiosynkratische Sicht eines Menschen, sinnliche Wahrnehmungen, Ansichten und Wertvorstellungen liegen, die dem Geist des Destillats verloren gingen. Und gut so, mag man meinen. Wer will das alles lesen? Die Writing-Culture-Debatte (vgl. Tyler 1986; Marcus, Cushman 1982) in der Anthropologie schrieb gegen jene Verlogenheit schon in den 1970er und 1980er Jahren an (vgl. noch radikaler Fichte 1998). Zwischen Beobachtungen und Notizen und dem fertigen Text ereignet sich genau jener Schritt, jene tausend irrenden Suchbewegungen, deren Abkürzung der fertige Artikel behauptet. Der damit in Kauf genommene Verlust von Transparenz und Nachvollziehbarkeit wird dann oft genug mit dem Anschluss an autorisierende Theorieschulen und der vorauseilenden Übererfüllung der Standardartikelform verborgen.

Natürlich müssen nicht alle Notizen veröffentlicht werden, damit die Entwicklung soziologischer Erklärungen nachvollziehbar wird. In der unendlichen Fülle von Artikeln, Sammelbänden und Monografien interessieren mich jedoch mehr und mehr genau solche Texte, die ihre Entstehungsgeschichten mit zum Gegenstand und zum Verfahren der Darstellung erheben. Ihr Erkenntnis- und Materialreichtum entschädigt oft genug auch theoretische oder methodische Schwächen der Analyse. Man könnte sich hier auch im Zuge der Debatte um eine neue Infrastruktur für sogenannte Forschungsdaten (vgl. zuletzt Wilke et al. 2021) fragen, ob nicht Vorläufiges der (qualitativen) Forschung in solchen Fällen bereits selbst den Status wissenschaftlicher Darstellung erreicht oder ein solcher eingefordert werden muss, wenn aus der Notwendigkeit der Reflexion und (Selbst-)Kritik der Wissensgenese auch eine explizit am Diskurs orientierte Kompetenz des Umgangs mit Vorläufigem entwickelt würde.

Für all dies eignen sich gesprochene Formate als Podcasts in ganz hervorragender Weise. Als Sprachnotizen können sie mit den einfachsten Mitteln aufgezeichnet und fortlaufend abgelegt werden. Mündliche Notizen ›speichern‹ dabei weit mehr an Information in der Stimme, im Zögern und Stammeln und im mäandernden Suchen nach dem richtigen Begriff, als eine schriftliche Notiz: Die Aufnahme der Sprache ermöglicht durch den Reichtum der Stimme leibkörperliches Verstehen im Sprechen wie im Hören. Selbstverständlich ist auch das eine Frage der Übung, etwas, das man lernen muss und lehren kann.

Audio Papers

Von der Soziologie praktisch unbemerkt hat sich neben den klassischen Aufsätzen in wissenschaftlichen Zeitschriften seit 2016 ein neues Format etabliert: *Audio Papers*. Ausgehend von einem Manifest der Musikwissenschaftlerinnen Sanne Krogh Groth und Kristine Samson (Groth, Samson 2016)[14] suchen Audio Papers eine Form reflektierter Darstellung von Erkenntnisgenese, die sich der sinnlichen Dimension allen Denkens und Verstehens nicht nur nicht entzieht, sondern ihr besondere Achtung schenkt. Audio Papers sind wissenschaftliche Audio-Stücke, die nicht nur sprachlich-begriffliche Formen der Argumentation suchen, sondern mit der Materialität der Gegenstände und der sinnlichen Wahrnehmung als Bedingungen aller Sinn- und Begriffsgenese selbst arbeiten. Worüber ich hier nur andeutungsweise und nur schreiben kann, ist ihr zentrales Interesse: die Frage nach den Grenzen sprachlich-sinnhafter Reflexion wissenschaftlichen Wissens und die Erweiterung diskursiver Mittel durch ästhetische Zugänge.

Die Anschlussfähigkeit von Methoden künstlerischer Forschung ist in der Soziologie bedauerlicherweise noch sehr begrenzt. Kann es sich die Soziologie als strenge Wissenschaftlichkeit überhaupt leisten, solche Ansätze zu berücksichtigen? Naturgemäß interessieren sich besonders die Sound Studies, Musikwissenschaften und vielleicht noch die Ethnografie für Audio Papers. Die Dominanz der Schriftlichkeit wissenschaftlicher Diskurse wird

14 Vergleiche auch weitere Texte und Hörstücke dazu Groth, Samson (2019), Porombka, Schulze (2018; vgl. auch: https://soundcloud.com/stephanporombka/stephan-porombka-holger-schulze-ein-gesprach-uber-audiopaper) sowie die Onlinezeitschrift *Seismograf*, die als eines der ersten peer-reviewed journals Audio-Papers veröffentlicht, online: https://seismograf.org. Vgl. besonders die Sonderhefte zu »Sonic Argumentation«: Groth, Östersjö (2019a, 2019b).

an Gegenständen zerbrechlich, die sich der schriftlichen Darstellung ganz oder teilweise entziehen, zugleich aber weder positivistisch bloß der ›Natur‹ zugerechnet noch der Kultur und Gesellschaft gegenüber gestellt werden können. Solche Phänomene sind jedoch kaum nur Gegenstände jener Disziplinen, die sich mit Sound beschäftigen, ja nicht einmal inklusive der existierenden oder zu erfindenden klangaffinen Bindestrichsoziologien. Es gibt kaum ein soziales Phänomen, das nicht auch klangliche Dimensionen aufweist, die dem dominanten Medium des Diskurses geschuldet meist stumm bleiben.

Doch auch über den Gegenstand hinaus stellt das Format der Audio Papers entscheidende, nämlich erkenntnistheorie- und methodologiekritische Fragen: Warum scheint die Schriftlichkeit der Darstellung fraglos für alle Gegenstände geeignet – die auditive Darstellung dagegen vermeintlich nur für klangliche Phänomene? Die Frage nach den Medien der Soziologie muss in diese Richtung und streng wissenschaftlich weiterverfolgt werden, lange bevor oder mindestens ergänzend zum bloßen Beklagen fehlender Nachfrage ihrer Erkenntnisse im öffentlichen Diskurs; die Frage nach der sinnlich-sinnhaften Genese soziologischen Wissens ist noch lange nicht hinreichend verhandelt. Audio Papers wären hier eine hervorragende Form experimenteller Reflexion der Dialektik von Begriff und Gegenstand, von Analyse und Darstellung.

Soziologische Lehre im Medium von Podcasts

Der letzte Kontext ist einer, der erst in den letzten Jahren an Bedeutung gewonnen hat, wenngleich er längst der prominenteste sein müsste. Trotz Jahrzehnten von MOOCs und Online-Universitäten ist es noch immer eine Seltenheit, wenn Vorträge und Vorlesungen an soziologischen Instituten, aus Ringvorlesungen oder von Konferenzen online zur Verfügung gestellt werden. Noch seltener sind sie dann als Podcast verfügbar und selbst wenn sie als RSS-feed abonnierbar sind, ist der Zugang oft erschwert. Immerhin, es gibt Ausnahmen.[15]

15 Erinnern Sie sich zum Beispiel noch an die Autobahnuniversität? Im Carl-Auer Verlag erschienen seit den 1990er Jahren Vorlesungen zur Systemtheorie, zu Fragen von Psychotherapie und -analyse, Science-Fiction und anderen soziologisch relevanten Fragestellungen. Luhmanns berühmte Vorlesung »Einführung in die Systemtheorie« etwa wurde lange, in Ermangelung eines alternativen (beziehungsweise kostenlosen) Verbreitungsmediums, unter der Hand oder über verstreute Links im sociological dark web gehandelt. Dies hat

Nach zwei Jahren der Pandemie sollten die Vorteile von Podcasts evident geworden sein.[16] Es lässt sich hier weiter über Einsatzmöglichkeiten nachdenken – auch über die Zeiten erzwungener Online-Lehre hinaus,[17] jedoch mit einer wichtigen Einschränkung: Für Wissenschaftler:innen auf Qualifizierungsstellen und in prekären Beschäftigungsverhältnissen grenzen online veröffentlichte Lehrformate an berufliche Selbstverletzung. Man arbeitet praktisch ohne dafür angemessene Vergütung[18] und ohne Aussicht auf eine feste Anstellung zum Vorteil der Institutionen, die Loyalität fordern und selbst keine kennen und die sich vertraglich meist die alleinigen Nutzungsrechte sowie Veröffentlichungswege aller in ihrem Hoheitsgebiet erstellten geistigen Werke auch über die Anstellungsdauer hinaus sichern. Es liegt in der Verantwortung der entfristet Beschäftigten, allen voran der verbeamteten Professor:innenschaft, hier die (Selbst-)Ausbeutung ihrer Mitarbeiter:innen zu verhindern und dies auch und insbesondere in Zeiten der Pandemie und ihrer Folgen. Nichts jedoch spricht gegen die Veröffentlichung jener Archivaufnahmen der Klassiker des Fachs oder bekannter Vertreter:innen. Dies ist schlicht ein Gewinn für alle Forschenden und Studierenden auch angrenzender Disziplinen.

Weiter noch geht der schon vorgestellte Podcast »Sprechen. Hören. Denken.«. Lehrforschung und neue, richtungsweisende Experimente mit Podcasts in Forschung und Lehre wie dieses deuten weit mehr als nur Möglichkeiten an. Sie fordern heraus, zeigen konkret, wie es gemacht werden könnte und leisten damit einen entscheidenden Beitrag zur Gegenwart und Zukunft von Podcasts als Medium der Soziologie: Sie *lehren Podcasting* als Fähigkeit und Technik, in Konzeption und wissenschaftlicher Reflexion. Die technischen und konzeptionellen Kompetenzen im Umgang mit Audio als wissenschaftliches Medium sind in der Soziologie – sagen wir: noch ausbaufähig.

---

sich, wenn ich es richtig sehe, im ersten Pandemie-Jahr 2020 nun geändert. Das umfangreiche Archiv ist als Podcast abonnierbar (Link siehe unten), inklusive der berühmten Vorlesung Luhmanns. Ob sich das schon herumgesprochen hat?

16 Orts- und Terminunabhängigkeit, rein auditiv, statt ständig an einen Bildschirm gefesselt zu sein, variable Abspielgeschwindigkeit, flexible Integration in alle möglichen alltäglichen Aufgaben usw.

17 Vgl. zu Podcasts in der Lehre auch Klenk (2021). Für Analysen zur ad hoc Digitalisierung der Lehre siehe Keil, Sawert (2021).

18 Wie etwa im Unterschied dazu für schriftliche Werke, an deren Vergütung man über die VG Wort zumindest noch beteiligt wird, um von der Musikindustrie und den Verträgen der GEMA ganz zu schweigen.

Ein letztes Beispiel, auf das ich erst vor Kurzem aufmerksam wurde, ist der *Methoden:Koffer*, ein Interview-Podcast über sozialwissenschaftliche Forschungsmethoden von und mit Barbara Heindl (siehe unten). Dieser Podcast gibt anhand von Expert:inneninterviews in jeder Folge eine Einführung in je eine der wichtigsten Methoden der Sozialforschung. Immer sprechen sie mit Forscher:innen, die mit jenen Methoden arbeiten, diskutieren konkrete Beispiele, Herausforderungen und Möglichkeiten der Methoden und der Methodenwahl. Der Podcast ist damit ein Beispiel, wie Lehrbücher ergänzend Formate entwickelt werden können, die Studierende begeistern. Wären solche Formate nicht auch zu Klassikern des Fachs denkbar? Oder zu erkenntnistheoretischen Bedingungen der Soziologie, wenn wir schon dabei sind? Ja, ja, wer soll das alles hören – ich kenne diesen Einwand zur Genüge. Würde man gleichen auch den vielen geschriebenen und noch zu schreibenden Texten entgegenstellen, müssten es deutlich weniger und sehr viel bessere sein. Diesen hier eingeschlossen.

***

Ich höre einen Vortrag Wolfgang Eßbachs anlässlich des zehnjährigen Jahrestags seiner Emeritierung, während ich über den Mannheimer Zentralfriedhof spaziere. Keine makabere Wahl des Ortes, schlicht der einzige Fleck Grün in Mannheim, der nicht kostenpflichtig ist. Ja, Mannheim hat zwei Stadtparks und beide sind abgesperrt, kostenpflichtig und erlauben den Zugang seit dem 28. Januar 2022 nur Geimpften oder Genesenen. The Länd. Ich denke auch darüber mit den soziologischen Beobachtungen im Ohr anders nach. Gehen als leibkörperliche Praxis verbindet sich mit den Worten und Sätzen auf seltsame Weise. Die Worte aus Bernhard Waldenfels' Vorlesung zur »Phänomenologie der Leiblichkeit« klingen an, die ich letztes Jahr um diese Zeit auf denselben Wegen gehört haben muss. Zusammenhänge entstehen, die zu erkennen die leibkörperliche Praxis, die in meinen Körper eingeschriebenen Bewegungen, die Erinnerungen meiner Ohren voraussetzen, schreiben sich ein in den Kies, finden sich im schweifenden Blick über die Grabsteine, Bäume und Büsche, weiter unten den Neckar und seine wechselnden Wasserstände.

Eßbachs Stimme ist großartig. Ich könnte ihm stundenlang zuhören, und habe ich schon. Die Vorlesungen zu Marxbildern, die zu Grundzügen der Soziologie, einzelne Vorträge usw. Ich bin Fan; gibt man aber natürlich nicht öffentlich zu. In Texten über berühmte Soziolog:innen wird – zumindest im Vorwort oder anekdotischen Erinnerungen der Schüler:innen – gelegentlich noch auf einen besonders beeindruckenden Vortragsstil, ein Talent für mündliche Darstellung oder ähnliches verwiesen. Für die wissenschaftliche Qualität der Arbeiten soll dies keine Bedeutung haben. Es bleibt mir unverständlich, widerspricht es doch ganz fundamental jeder empirischen Erfahrungen all derer, die sich im lebendigen soziologischen Diskurs bewegen, all derer, die an soziologischer Erkenntnisproduktion beteiligt sind.

***

In den kurzen Abschnitten meines Textes konnte ich kaum mehr als einige Möglichkeiten andeuten. Die systematische Auseinandersetzung mit Podcasts als Gegenstand und Medium in Forschung und Lehre steht in der Soziologie noch aus. Es wäre dem Fach zu wünschen, dass in Zukunft in soziologischen Studiengängen vermehrt Seminare zum Podcasting angeboten werden; dass online zur Verfügung gestellte Mitschnitte von Vorträgen an soziologischen Instituten direkt als Podcast abonnierbar eingestellt und in den großen Podcastverzeichnissen eingetragen würden; dass der Flut an wissenschaftlichen Zeitschriftenaufsätzen auch experimentelle Audio Papers zur Seite gestellt werden – schon um die Vorherrschaft der Schriftlichkeit angesichts ihrer Alternativen kritisch zu reflektieren; dass auf den Fachtagungen und -konferenzen zumindest die Keynotes als Podcast veröffentlicht werden und damit auch ein Stück Fachgeschichte dokumentiert würde; kurz: dass wir mehr versuchen. Nicht zuletzt aber bedeuten Podcasts auch, dass die Soziologie nicht mehr zu warten braucht, bis sich der Journalismus für sie interessiert, Rundfunkanstalten die Debatten übertragen und anschließend in ihren Archiven verschwinden lassen; die *Technikerstunde* könnte man mit wenigen Handgriffen medienkompetenter Soziolog:innen einfach streichen. Natürlich wäre es wünschenswert, wenn soziologische Erkenntnisse auch in der öffentlichen Debatte Gehör und Anerkennung finden. Dies alles ist kein Argument gegen eine *public sociology*, eher im Gegenteil. Stärkt es das Fach der Soziologie nicht gerade, wenn es gelingt, sich von den dem Aufmerksamkeitsregime der Medienanstalten unterworfenen Themenkarrieren und Bedarfen zu emanzipieren? The future of sociology might neither be televised, nor broadcasted. Man könnte denken: zum Glück. Aber: *The future of sociology could be podcasted.*

Literatur

Avanessian, Armen / Malik, Suhail (Hg.) 2016: Der Zeitkomplex: Postcontemporary. Internationaler Merve-Diskurs 436. Berlin: Merve.

Bertram, Anna Rebecca / Bischof, Andreas / Schmidt-Lux, Thomas 2020a: Über uns – Sprechen. Hören. Denken. Leipziger Podcast-Ethnografie. https://home. uni-leipzig.de/podcast ethnografie/ueber-uns/, letzter Aufruf am 5. Februar 2022.

Bertram, Anna Rebecca / Bischof, Andreas / Schmidt-Lux, Thomas 2020b: Warum Audio und wie funktioniert das in der Lehre? – Sprechen. Hören. Denken. Leipziger Podcast-Ethnografie. https://home.uni-leipzig.de/podcastethnografie/2020/12/08/warum-audio-und-wie-funktioniert-das-in-der-lehre/, letzter Aufruf am 5. Februar 2022.

Brecht, Bertolt 1967: Der Rundfunk als Kommunikationsapparat: Rede über die Funktion des Rundfunks. In Bertolt Brecht, Gesammelte Werke Band 18: Schriften zur Literatur und Kunst I. Werkausgabe Edition Suhrkamp. Frankfurt am Main: Suhrkamp, 127–134.

Edirisingha, Palitha, / Salmon, Gilly 2009: Podcasting for Learning in Universities. Maidenhead: SRHE.

Felsch, Philipp 2015: Der lange Sommer der Theorie: Geschichte einer Revolte; 1960–1990. 1. Auflage. München: C.H. Beck.

Fichte, Hubert 1998: Ketzerische Bemerkungen für eine neue Wissenschaft vom Menschen. Herausgegeben von Michael Fisch. 1. Auflage. Hamburg: Europäische Verlagsanstalt.

Groth, Sanne Krogh / Östersjö, Stefan 2019a: Sonic Argumentation I. Seismograf, 22, doi: 10.48233/seismograf2200.

Groth, Sanne Krogh / Östersjö, Stefan 2019b: Sonic Argumentation II. Seismograf, 23, doi: 10.48233/seismograf2300.

Groth, Sanne Krogh / Samson, Kristine 2016: Audio Papers – a Manifesto. Seismograf, 16, doi: 10.48233/seismograf1601.

Groth, Sanne Krogh / Samson, Kristine 2019: The Audio Paper: From Situated Practices to Affective Sound Encounters. Paragrana, vol. 28, no. 1, 188–196.

Keil, Maria / Sawert, Tim 2021: Die ad hoc Digitalisierung der Lehre in der Corona-Pandemie. SOZIOLOGIE, 50. Jg., Heft 4, 473–491.

Klenk, Moritz 2020a: Stimme, Sprechen, Hören: Von der sinnlich-sinnhaften Verfertigung wissenschaftlicher Erkenntnis beim Sprechen und Hören. kommunikation@gesellschaft, 21. Jg., Heft 2.

Klenk, Moritz 2020b: Sprechendes Denken: Essays zu einer experimentellen Kulturwissenschaft. Edition Kulturwissenschaft 234. Bielefeld: transcript.

Klenk, Moritz 2021: Triple Teaching – Kontext, Modell und Ausblick. In Adrian Hermann (Hg.), Experimente mit digitaler Lehre: Experimente mit digitaler Lehre: Überlegungen und Modelle jenseits einer Defizitperspektive. Bonn: epubli, 49–63.

Llinares, Dario / Fox, Neil / Berry, Richard (Hg.) 2018: Podcasting: New Aural Cultures and Digital Media. Cham: Springer International Publishing.

Marcus, George E. / Cushman, Dick 1982: Ethnographies as Texts. Annual Review of Anthropology, vol. 11, no.1, 25–69.

Porombka, Stephan / Schulze, Holger 2018: »Eine Textur, in der das ›Textgerede‹ als Produktionssystem erscheint.« Ein Gespräch über Audio Paper. In David-Christopher Assmann / Nicola Menzel (Hg.), Textgerede: Interferenzen von Mündlichkeit und Schriftlichkeit in der Gegenwartsliteratur. Paderborn: Wilhelm Fink Verlag, 267–281.

Reynolds, John Mark / Overton, Roger / Hewitt, Hugh 2008: The New Media Frontier: Blogging, Vlogging, and Podcasting for Christ. Wheaton, IL: Crossway Books.

Spinelli, Martin 2019: Podcasting: The Audio Media Revolution. London, New York: Bloomsbury Academic.

Tyler, Stephen A 1986: Post-Modern Ethnography: From Document of the Occult to Occult Document. In James Clifford, George E. Marcus (eds.), Writing Culture: The Poetics and Politics of Ethnography. Berkeley: University of California Press, 122–140.

Wetzel, Jan 2020: Ad-hoc-Gruppe: Podcasts in der Soziologie. Das Neue Berlin – Podcast über Soziologie, Philosophie und Politik. https://dasneue.berlin/2020/09/23/ad-hoc-gruppe-podcasts-in-der-soziologie/, letzter Aufruf am 20. Februar 2022.

Wilke, René / Knoblauch, Hubert / Kohne, Julian/ Miller, Bernhard / Strohmaier, Markus / Wagner, Claudia / Wolf, Christof / Hanekop, Heidemarie / Heuer, Jan-Ocko / Hollstein, Betina / Mozygemba, Kati 2021: Symposion Forschungsdateninfrastruktur. SOZIOLOGIE, 50. Jg., Heft 4, 430–472.

Erwähnte und nicht erwähnte (soziologische) Podcasts, unvollständige Liste

Future Histories, Gesprächspodcast »zur Erweiterung unserer Vorstellungen von Zukunft« von und mit Jan Groos, Teil seiner erweiterten Forschungspraxis. Zum Teil transkribiert. https://www.futurehistories.today.

Soziologische Perspektiven auf die Corona-Krise, kurze Vorträge verschiedener Soziolog:innen zu soziologischen Fragen zur Corona-Krise und Interviews; WZB Berlin. https://coronasoziologie.blog.wzb.eu.

Der Streit, soziologischer Lektürediskussionspodcast von Robert Seyfert und André Armbruster in verteilten Rollen zu ausgewählten, aktuellen soziologischen Texten. https://duepublico2.uni-due.de/go/streit.

Sprechen. Hören. Denken. Leipziger Podcast-Ethnografie, kultursoziologischer Podcast zu Themen der Stadtforschung und der Arbeit mit Podcast-Formaten. Organisiert von Anna Rebecca Bertram, Andreas Bischof und Thomas Schmidt-Lux. https://home.uni-leipzig.de/podcastethnografie.

Methoden:Koffer, Interview-Podcast für Student:innen und Promovend:innen über sozialwissenschaftliche Forschungsmethoden von und mit Barbara Heindl. https://www.methodenkoffer.info.

Mittelweg 36 – der Podcast, neuer Podcast der gleichnamigen Zeitschrift, betreut von den Redakteur:innen Hannah Schmidt-Ott und Jens Bisky. https://www.hamburger-edition.de/zeitschrift-mittelweg-36/podcast/.

SoWi-Stammtisch, Gespräche-Podcast von Soziolog:innen und Sozialwissenschaftler:innen zu soziologischen Themen. https://sowistammtisch.wordpress.com.

Andreas Reckwitz im Gespräch, Leibniz-Preisgeld finanzierter und produzierter Interviewpodcast über Andreas Reckwitz – ich meine natürlich sein Buch »Die Gesellschaft der Singularitäten«. https://andreasreckwitz.podigee.io.

Das soziologische Duett, bis 2017; nun stillgelegter soziologisch-akademischer Gesprächspodcast von und mit Udo Thiedeke. https://dsd.podcaster.de.

Sozialtheoristen, zurzeit ruhender Podcast in Ergänzung des gleichnamigen soziologischen Weblogs Bielefelder Ursprungs. Letzter Beitrag 2018. https://feed.sozialtheoristen.de/podcast.

SozioPod, pädagogisch-populärsoziologisch orientierter Podcast, Urgestein deutschsprachiger soziologischer Podcasts. https://soziopod.de.

Soziologisches Kaffeekränzchen, zurzeit pausiert; Gespräche für und von an Soziologie Interessierten zu Themen der Gesellschaft. https://www.soziologisches-kaffeekraenzchen.de.

Carl-Auer Autobahnuniversität, frühe Aufzeichnungen berühmter Vorlesungen und verstreuter Vorträge, jetzt durch den Carl-Auer Verlag als Podcast befreit. https://www.carl-auer.de/autobahnuniversitaet.

Aus Kultur- und Sozialwissenschaft, Programm des Deutschlandfunks, Sendezeit donnerstags zwischen 20 Uhr 10 und 21 Uhr, anschließend veröffentlicht als ›Podcast‹. Interviews und Beiträge zu verschiedenen Themen. https://www.deutschlandfunk.de/aus-kultur-und-sozialwissenschaften-100.html.

Die Bilder des Sozialen und ihre Rolle in der soziologischen Theoriebildung

Ein Bilderbuch für Soziolog:innen

Tobias Schlechtriemen

Mir schwebt eine Art Bilderbuch für Soziolog:innen vor. Darin ginge es um diejenigen Bilder, in denen sich Soziolog:innen ihren Gegenstand, ›das Soziale‹ oder ›die Gesellschaft‹, imaginieren. Vermutlich würden zehn Bilder ausreichen, um einen wesentlichen Teil des soziologischen Bilderreservoirs abzudecken. Der soziale Organismus gehörte sicherlich dazu und sein Gegenbild: die Maschine – diese beiden komplementären Bilder prägten die Debatten in der Gründungszeit der Soziologie. Das Theater, die Sprache und das Spiel würden vorgestellt, wie auch der Krieg oder der Konflikt und die Temperierung des Sozialen. Es gäbe die Bilder des Netzwerks, der Zirkulation, des Flows und des Liquiden. Die Musik könnte als ein seltener verwendetes Bild ergänzt werden und es stellte sich die Frage, ob es sich bei Struktur und System noch um anschauliche Bilder handelt und sie in die Sammlung aufgenommen werden sollten oder eher nicht.

Alle diese Bilder – und es ist nur eine Auswahl – finden sich in historischen oder aktuellen soziologischen Gesellschaftsbeschreibungen. Jedes dieser Bilder konturiert die Gesellschaft auf seine eigene Weise und damit auch die daran anschließende soziologische Theoriebildung. Entsprechend würde das Bilderbuch auch die vielfältigen Denkmöglichkeiten und Facetten der soziologischen Imagination zeigen. Durch die Zusammenstellung könnten sich die Bilder in ihrer Unterschiedlichkeit zudem wechselseitig beleuchten. Was Hans Blumenberg für die Philosophie und als Erweiterung der Begriffsgeschichte avisierte, ließe sich hier in Bezug auf die Soziologie und als Erweiterung der soziologischen Theoriebildung denken (vgl. Blumenberg 1987; 1999).

Dabei handelte es sich allerdings – wie bei Blumenbergs metaphorologischen Rekonstruktionen – um ein Großprojekt und wohl eher ein Lebenswerk als ein Buchprojekt, das schon gar nicht den Gegenstand dieses Artikels bilden kann. Aber – und dies möchte ich im Folgenden tun – es lassen sich die theoretischen Ausgangspunkte für eine solche Bildgeschichte der Soziologie skizzieren. Dazu werde ich immer wieder auf die beiden Bilder des Organismus und des Netzwerks zurückgreifen, mit denen ich mich bereits eingehender auseinandergesetzt habe (vgl. Schlechtriemen 2014).

Theoretische Ausgangspunkte

Das imaginäre Bilderbuch veranschaulicht in einer ersten Variante, in welche Richtung meine Fragestellung zielt. Nun soll genauer geklärt werden, was ›Bilder des Sozialen‹ sind und wie ich sie in den Blick nehmen möchte. Zunächst einmal werden sie aus einem anderen Bereich in die Soziologie übertragen. Insofern können die Bilder als ›Metaphern‹ beschrieben werden, die zwei Sinnbereiche miteinander in Beziehung setzen. Entsprechend greife ich auf Metaphertheorien zurück, um viele ihrer Funktionsweisen zu fassen (vgl. Black 1983; Lakoff, Johnson 2007). Allerdings beschränken sich die Bilder des Sozialen nicht auf sprachliche Ausdrucksformen, sie zeichnen sich auch weniger durch einen metaphorischen Kontrast als vielmehr durch Erfahrungsnähe und

Anschaulichkeit aus, und es gilt ihre Sozialität mitzudenken – in diesem Sinn werde ich die Metapherntheorien Schritt für Schritt erweitern.

Bilder *des Sozialen* treten in soziologischen Beschreibungen auf und verleihen dort dem schwer greifbaren soziologischen Gegenstand eine anschauliche Gestalt.[1] Gerade wenn die Gesellschaft als Ganze adressiert wird, bieten sich Bilder an, die stellvertretend diesen nicht überschaubaren Gegenstandsbereich in einer einheitlichen Gestalt fassbar machen. Ich bezeichne sie jedoch als ›Bilder des Sozialen‹ – und nicht als ›Gesellschaftsbilder‹ – um auch diejenigen bildlichen Darstellungen einzubeziehen, die den soziologischen Gegenstand nicht als Einheit fassen.[2]

Entscheidend ist dabei, dass diese Bilder weder als bloße Abbilder noch als reine Illustrationen sozialer Phänomene zu begreifen sind. Sie setzen das Soziale vielmehr in einer je spezifischen Weise ins Bild und prägen damit die Fragen, die sich aus soziologischer Sicht bezüglich des Sozialen stellen, plausibilisieren bestimmte Argumente und lassen andere als unplausibel erscheinen; nicht zuletzt legen sie eine entsprechende Positionierung der Forschenden zum Gegenstand nahe. Dabei handelt es sich um eine anschauliche und erfahrungsnahe Form von soziologischer Imagination, die sich mit anderen, eher begrifflich-formalen Denk- und Argumentationsweisen mischen oder auch abwechseln kann. Es geht mir im Folgenden darum, die Funktionen dieser Form von soziologischer Theoriebildung zu rekonstruieren wie auch die Grenzen ihrer epistemischen Leistungsfähigkeit auszuloten, um auf diese Weise das, was unter ›soziologischer Theorie‹ gefasst wird, zu erweitern. Damit richte ich den Fokus anders aus als sozialwissenschaftliche Zugänge, die die Metaphernanalysen in der qualitativen Forschung einsetzen, auch wenn zwischen beiden Untersuchungsfeldern Übergänge und gemeinsame Fragestellungen bestehen (vgl. Junge 2014; Schmitt 2017). Ich konzentriere mich zudem auf diejenigen Bilder, die im wissenschaftlichen Kontext – genauer: in der Soziologie – auftreten. Gleichwohl gehört die Schnittstelle zum öffentlichen Diskurs dazu. In der Regel handelt es sich nämlich um etablierte

1 Mit Bildern des Sozialen befassten sich bereits in den 1970er Jahren Autor:innen wie Richard Harvey Brown (1977). Anfang der 2000er Jahre folgten Arbeiten etwa von Daniel Rigney (2001), José López (2003) und Susanne Lüdemann (2004). Zuletzt erschienen sind die Studien von Sina Farzin (2011), Richard Swedberg (2020) und Elena Beregow (2021).

2 Dies gilt etwa für Anna Lowenhaupt Tsings Darstellung der Weltgesellschaft oder des Globalen als Reibung (›friction‹). Diese Metapher setzt sie gezielt ein, um Einheitsvorstellungen und damit einhergehende Einheitserklärungen zu vermeiden und stattdessen je spezifische Formen des Aufeinandertreffens, »heterogeneous and unequal encounters« (Tsing 2005: 5), thematisieren zu können.

gesellschaftliche Selbstbeschreibungen, die im zweiten Sinne des Genitivs (*Genitivus subjectivus*) als Bilder verstanden werden können, die aus dem Bereich des Sozialen heraus entstanden sind.

Wie treten die Bilder des Sozialen in soziologischen Beschreibungen auf?

Zunächst einmal finden sich die Bilder des Sozialen in sprachlicher Form in soziologischen Texten. In der Gegenstandsbeschreibung tauchen einzelne Begriffe auf, die zum Wortfeld eines Bildes gehören. So beschreibt Émile Durkheim die Gesellschaft in seinem Buch »Über soziale Arbeitsteilung« als »sozialen Organismus« (1988: 166). Es ist die Rede von der »Einheit des Sozialkörpers« (ebd.: 157), von den »sozialen Moleküle[n]« (ebd.: 182) und dem einzelnen »Organ« (ebd.: 146), wie etwa dem »sozialen Gehirn«, aber auch von »Krankheiten« (ebd.: 133), der »Natur« und den »allgemeinen Gesetzen einer jeden organischen Entwicklung« (ebd.: 155). Folgen beim Lesen mehrere solcher Formulierungen aufeinander, evozieren sie das entsprechende Bild – hier das Bild der Gesellschaft als Körper oder Organismus.

Das Vor-Augen-Stellen mittels einiger weniger Worte setzt allerdings voraus, dass es sich dabei um ein bereits bekanntes Bild handelt. Max Black schreibt von einem »System miteinander assoziierter Gemeinplätze«, die sich »zwanglos und ohne Umstände einstellen« (1983: 70 f.). Ungewöhnliche Bilder müssen hingegen ausführlicher beschrieben werden. Anthony Giddens führt etwa mit dem »Dschagannath-Wagen« (1995: 173) ein Bild für das Leben in der Moderne ein – und will damit sowohl Webers Bild des ›stahlharten Gehäuses‹ als auch Marx' Darstellung der Moderne als ›Monster‹ ersetzen. Allerdings muss er dazu anfangs seinen britischen und amerikanischen Leser:innen noch erläutern, was ein Dschagannath-Wagen ist (ebd.). Die rasante, nicht völlig zu kontrollierende Dynamik der Fahrt des Wagens, auf die es Giddens in seinen Ausführungen vor allem ankommt, weist hingegen enge Bezüge zur Alltagserfahrung der Leser:innenschaft auf.

Anhand der Zusammenstellung aller sprachlichen Artikulationen eines Bildes innerhalb eines Textes lässt sich ermitteln, welches Bildverständnis ihnen zugrunde liegt (vgl. Schmitt 2017: 439 ff.). So zeigen die sprachlichen Formulierungen, die sich auf das Bild des Netzwerks beziehen, ob es sich dabei um ein mikro- oder makrologisches Verständnis handelt und ob das

Netz als organisches (Spinnennetz, Rhizom etc.) oder als technisches (Eisenbahnnetz, Computer-Netzwerk etc.) verstanden wird.[3]

Stellt man in diesem Sinn die sprachlichen Formulierungen des Netzwerk-Bildes zusammen, wie sie in Manuel Castells' Buch »Aufstieg der Netzwerkgesellschaft« (2004) vorkommen, zeigt sich sehr deutlich, dass das zugrunde liegende Netzwerk-Verständnis in erster Linie ein technisches und makrologisches ist (Schlechtriemen 2014: 218 ff.). Die zentrale Referenz sind »Computer-Netzwerke« (Castells 2004: 50). Die vernetzten Computer bilden mit dem »Internet« (ebd.: 6) »ein globales, horizontales Kommunikationsnetzwerk« (ebd.: 7) aus »lichtelektronischen Schaltkreise[n]« (ebd.: 227). Wesentlich weniger, aber dennoch an einigen Stellen präsent, ist auch der Bezug zu textilen Netzwerken als »Verknüpfungen« (ebd.: 52), »interaktive[s] Gewebe« (ebd.: 277) oder »Geflecht unseres Lebens« (ebd.: 382).

Metaphertheorien konzentrieren sich in der Regel auf diese sprachlichen Artikulationsformen in Texten. Gerade das Bild des Netzwerks wird jedoch nicht nur mit Worten in Texten, sondern auch in grafischer Form dargestellt. Bereits in den ersten Theorien, die das Soziale als Netzwerk beschreiben, tauchen entsprechende Grafiken auf. Zu diesen frühen Vertreter:innen gehört Jacob Levy Moreno, der als Mitbegründer der Soziometrie und der Sozialen Netzwerkanalyse gilt (vgl. Freeman 2004: 31 ff.). Moreno entwickelt ein ganzes ›Vokabular‹ an Grundelementen für die grafische Darstellung sozialer Beziehungsgefüge (vgl. Abb. 1). Mittels dieser grafischen Elemente lassen sich die Ergebnisse empirischer Befragungen oder Beobachtungen in einem »Soziogramm« (Moreno 1967: 33) darstellen – wobei ihn vor allem die sozialen Prozesse in Gruppen, wie Schulklassen, interessieren.

An diesen Grafiken lassen sich dann wiederum Merkmale der Gruppenkonstellationen ablesen, wie etwa deren Integrationsgrad oder die Positionierung Einzelner in der Gruppe (ebd.: 122 ff.). Auch die Qualität und Wertigkeit einer Beziehung stellt die Grafik dar. So thematisiert Moreno anhand der grafischen Darstellung die spezifische Qualität eines Kontaktes, der sich nicht auf die anderen Mitglieder der gleichen, sondern zu einem Mitglied einer anderen Gruppe bezieht und somit einen indirekten Bezug zu den Mitgliedern der anderen Gruppe eröffnet (vgl. Abb. 2). Mark S. Granovetter baut darauf – ohne direkten Verweis auf Moreno – seine Beobachtung der »strength of weak ties« auf (1973).

3 Zu wesentlichen Prägungen des Netzwerk-Bildes vgl. Gießmann (2014) und Friedrich (2015).

Abbildung 1: Grundelemente von Gruppenstrukturen

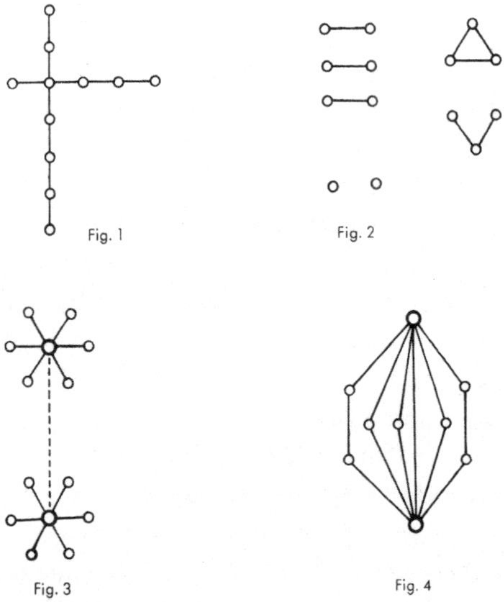

Quelle: Moreno 1967: 69

Abbildung 2: Soziogramm einer Schulklasse

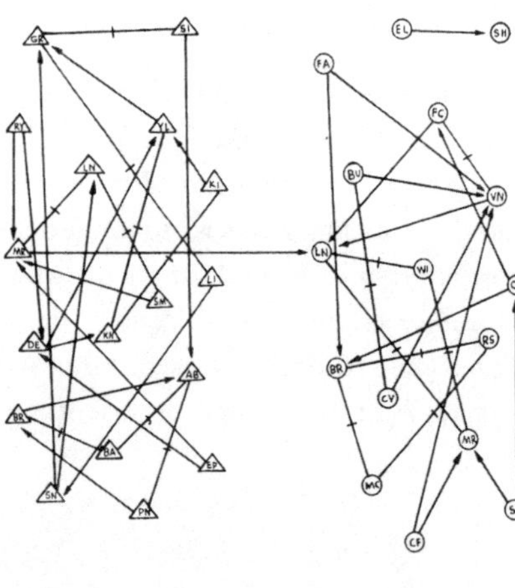

Quelle: Moreno 1967: 82

Die Bilder des Sozialen können folglich sowohl sprachlich als auch grafisch artikuliert werden – und die Metaphertheorien müssen entsprechend erweitert werden. Ich verwende hier das Konzept der ›Artikulation‹, um deutlich zu machen, dass die jeweilige mediale Ausdrucksgestalt das Verständnis des Bildes mitprägt, Bedeutung nicht nur transportiert, sondern transformiert wird. Entsprechend müssen die »tight or loose translations« (Guggenheim 2015) jeder medialen Form, die Weisen, wie Texte, Diagramme, aber auch Fotos etc. jeweils Sinn ›übersetzen‹, beachtet werden.

Zur Sozialität der Bilder des Sozialen

Metaphertheorien thematisieren zudem nicht die gesellschaftliche Verbreitung der Bilder und gehen entsprechend auch nicht auf Fragen ein, die sich im Hinblick auf die Sozialität der Bilder stellen.[4] Die soziale Dimension bildet insofern die zweite Erweiterung metaphertheoretischer Zugänge. Denn es handelt sich hier – so könnte man pointieren – nicht nur um Bilder des Sozialen, sondern auch um *soziale* Bilder. Als gesellschaftliche Selbstbeschreibungen sind sie in der Öffentlichkeit etabliert. Auch wenn das Bild des Organismus im 19. Jahrhundert in den Debatten der Physiologie und Biologie eine fachspezifische Prägung erhält, so ist es als Körperbild gleichzeitig jedem und jeder unmittelbar evident (vgl. Maasen, Mendelsohn, Weingart 1995; Lüdemann 2004; Lemke 2010).

Die meisten Bilder des Sozialen, die sich in soziologischen Beschreibungen finden, kursieren in der jeweiligen Gegenwartsgesellschaft auch jenseits disziplinärer Diskurse. Insofern stellen sie eine Schnittstelle zwischen öffentlichem und fachlichem Diskurs dar, die zur Plausibilisierung soziologischer Erkenntnisse in der Öffentlichkeit beitragen kann. Allerdings gilt es in der Analyse im Sinne einer Reichweitenbestimmung zu klären, in welcher Zeit und in welchem kulturellen Rahmen ein Bild als etablierte gesellschaftliche Selbstbeschreibung gelten kann.[5]

4 Es gibt einzelne Ausnahmen, wie Harald Weinrich, der von einer »Bildfeldgemeinschaft« spricht (1976: 277 und 287). Auch Max Black verweist darauf, dass die ›Gemeinplätze‹ je nach gesellschaftlichem Kontext differieren (vgl. 1983: 71). Die hiesige Auswahl der Bilder ist weitgehend auf den europäischen Kontext begrenzt.

5 Hinzu kommen die sozialen Funktionen der Bilder des Sozialen. Zur Rolle bildlicher Denkschemata im Alltag vgl. Lakoff, Johnson (2007).

Zu den Funktionen der Bilder des Sozialen

Nach den Artikulationsformen und ihrer Sozialität geht es im Folgenden darum, die wesentlichen Funktionen herauszuarbeiten, die die Bilder des Sozialen in der soziologischen Theoriebildung ausüben. Da sich soziologisches Theoretisieren schwer *in the making* beobachten lässt, gehe ich dabei von den bereits artikulierten soziologischen Beschreibungen aus und schließe von dort aus auf die Theoriebildung zurück.

Bilder des Sozialen sind *erstens*, darauf wurde schon hingewiesen, an der Konstitution des soziologischen Gegenstandes beteiligt. Als Metaphern setzen sie zwei »Sinnbezirke« (Weinrich 1976: 284) in Bezug zueinander. Den Interaktionstheorien zufolge beeinflussen sich die beiden Sinnbezirke wechselseitig (vgl. Black 1983). Mich interessiert hier jedoch vor allem die Bewegung vom bildspendenden hin zum bildempfangenden soziologischen Gegenstandsbereich. Durch die metaphorische Übertragung wird der für sich genommen abstrakte Gegenstand der Soziologie allererst greifbar und anschaulich, verleihen die »Implikationen« der Metapher (ebd.: 72) dem Sozialen eine ihnen entsprechende Gestalt. Black – und in der Folge George Lakoff und Mark Johnson – sprechen an dieser Stelle davon, dass die Metapher bestimmte Aspekte hervorhebt, betont – und gleichzeitig andere verdeckt (Black 1983: 76; Lakoff, Johnson 2007: 18).

Auf welche Weise ein Bild *zweitens* mit seinen Implikationen theoretische Anschlussstellen bietet, lässt sich durch die Gegenüberstellung der bereits eingeführten Bilder des Organismus und des Netzwerks in groben Zügen verdeutlichen. Ersteres stellt die Gesellschaft als natürliche Einheit dar, die in sich in verschiedene Organe gegliedert ist und als Ganze einem Entwicklungs- oder Wachstumsprozess unterliegt. Die soziologische Theoriebildung, die sich im Rahmen dieses Bildes bewegt, fragt entsprechend nach funktionaler Differenzierung, also danach, welche arbeitsteilige Funktion ein Organ im Zusammenspiel des Ganzen übernimmt. Auch Fragen nach sozialer Evolution und gesellschaftlichen Entwicklungsbedingungen fügen sich ins Bild des sozialen Organismus.

Das Bild des Netzwerks hingegen evoziert ganz andere Fragestellungen und Argumentationsfiguren. An die Stelle unterscheidbarer und festgelegter Organe sowie einer klar umgrenzten Einheit treten hier Knoten, Kreuzungen und Verknüpfungen, an denen mehr oder weniger viele Fäden zusammenlaufen, die aber gegebenenfalls auch wieder aufgetrennt und neu verknüpft werden können. Es stellt also die Frage, wieviele Verbindungen ein

Knotenpunkt aufweist, ob er zu den *hubs* oder eher zu den *hole* gezählt werden sollte. Die Zuweisung von Aufgaben ist nicht festgelegt, sondern kann immer wieder neu und anhand relational gedachter Lagen positioniert werden. Überhaupt überwiegt ein Denken in Relationen, aus denen sich die Wertigkeiten und auch die Handlungsmacht einzelner Knoten ergeben. Im Unterschied zum Organismus-Bild, in dem sowohl Binnengrenzen als auch die klare Grenze nach außen besteht, legen Netzwerke den Fokus auf das Verbinden, vernachlässigen demgegenüber allerdings die Grenzziehungen (vgl. Schlechtriemen 2014: 373 f.).

Die bildlichen Implikationen können theoretische Argumentationen anregen – im Sinne der Innovationsfunktion, die Metaphern immer wieder zugesprochen wurde –, sie determinieren die Theoriebildung jedoch nicht. Bilder des Sozialen legen in diesem Sinne Fragestellungen, Argumentationsfiguren, aber auch Lösungsansätze nahe, aber nicht fest. Diese Funktion spielt gerade in der ersten Phase soziologischer Theoriebildung, dem »creative stage of the research process« (Swedberg 2020: 244), eine wichtige Rolle. Swedberg schlägt vor, sich von den vielfältigen Anschlussmöglichkeiten einer Metapher in der Theoriebildung anregen zu lassen (ebd.: 245).

Die Passung von bildlichen Implikationen und soziologischer Argumentation ist *drittens* auch für die Plausibilisierung einer soziologischen Beschreibung bedeutsam. Wenn *ein* Bild des Sozialen die soziologische Argumentation prägt, verleiht sie dieser eine bildliche Kohärenz und Evidenz, die die logische Plausibilität der Argumentationen ersetzen, ergänzen, ihr aber auch widersprechen kann. Hier finden sich alle Varianten, in denen Bild und Argumentation miteinander einher, aber auch gegeneinander laufen können.

An dieser Stelle wird die Reichweite eines Bildes relevant. Denn den Kohärenzeffekt erzeugt ein Bild nur, wenn es sich im Sinne Blumenbergs um eine ›absolute Metapher‹ handelt, die den Hintergrund der ganzen soziologischen Beschreibung bildet (vgl. Blumenberg 1999: 10 f., 20). Demgegenüber kann die Reichweite eines Bildes wesentlich begrenzter sein und nur an einer Stelle im Text auftauchen. Daran schließt sich die Frage an, ob die verschiedenen Bilder eines Textes zusammenpassen, sich also auch durch interbildliche Bezüge in ein Bildfeld fügen und wechselseitig ergänzen oder einander eher widersprechen.[6]

6 Harald Weinrich weist darauf hin, dass Metaphern in der Regel nicht alleine auftreten, sondern ihrerseits innerhalb eines »Bildfeldes« (1976: 283) in Bezug zu anderen Metaphern stehen.

Nun konstituiert ein Bild des Sozialen nicht nur den Gegenstand mit, bietet theoretische Anschlussstellen in der Theoriebildung und übt einen Evidenzeffekt in der Darstellung aus, es legt *viertens* nahe, wie man sich zum soziologischen Gegenstand positioniert. So geht mit dem Bild der Gesellschaft als sozialer Organismus – und somit als Naturgegenstand – ein Verständnis der Soziologie als Naturwissenschaft und eine objektivierende Positionierung einher.[7] Im Rahmen des Netzwerk-Bildes lässt sich demgegenüber der soziologische Gegenstand nicht so einfach als objektivierbare Einheit ›da draußen‹ fassen. Vielmehr legt es das Bild nahe, auch hier nach den Verbindungen zur/zum beschreibenden Autor:in zu fragen. Moreno etwa thematisiert immer wieder sein Verhältnis zum sozialen Netzwerk, das er untersucht. Langfristig ist es sein Ziel, die Gruppe in die Lage zu versetzen, sich selbst zu erforschen und auf dieser Grundlage zu gestalten: »Die soziometrische Revision der wissenschaftlichen Methoden besteht in der Verwandlung der Forschungsobjekte in teilnehmende und bewertende Aktoren; sie verleiht ihnen wissenschaftliche Autorität« (Moreno 1967: XXIII).

Neben den epistemischen Leistungen innerhalb der soziologischen Theorien wirken Bilder des Sozialen schließlich *fünftens* als »sites and media of exchange« (Maasen 1995: 29) zwischen verschiedenen Fachdisziplinen, aber auch in der Außendarstellung der Soziologie. Nach außen entfalten sie ihre Plausibilität zum einen durch ihre Anschaulichkeit und Erfahrungsnähe, zum anderen aber auch dadurch, dass es sich in der Regel um Bilder handelt, die zeitgleich als gesellschaftliche Selbstbeschreibungen kursieren. Insofern stellen sie eine Schnittmenge zwischen fachlicher und öffentlicher Beschreibung dar.

Die Einbeziehung der Bilder des Sozialen in die soziologische Theoriebildung

Der Ausgangspunkt zur Untersuchung der Bilder des Sozialen war die Feststellung, dass sie immer wieder in soziologischen Beschreibungen auftauchen. Dabei zeigte sich, dass die Bilder an der Plausibilisierung der soziologischen Darstellung – intern und nach außen – beteiligt sind. Die Passung der bildlichen Implikationen mit den wesentlichen soziologischen Fragestel-

7 Dass dies ausgehend von der Organismus-Metaphorik nicht immer der Fall sein muss, zeigt Thomas Lemke (2010: 214 ff.).

lungen und Argumentationen lässt zudem darauf schließen, dass das betreffende Bild des Sozialen bereits als Anregung und Ausgangspunkt in der Theoriebildung fungierte.

Entsprechend schlägt Swedberg vor, die Bilder zur Sensibilisierung für verschiedene Aspekte des Sozialen und theoretische Ausgangspunkte zu nutzen. Aber er weist auch deutlich auf die Probleme hin, die im Umgang mit den Bildern auftreten können, vor allem, wenn sie nicht als Bilder, sondern als die soziale Wirklichkeit selbst verstanden werden (vgl. Swedberg 2020: 247 ff.). Das betrifft den Einsatz unpassender Bilder, die falsche Annahmen suggerieren können. Wenn Bilder aus der Alltagssprache übernommen werden, können sie zudem Vorurteile und Stereotype implizieren und transportieren. Nicht zuletzt sieht Swedberg ein Problem in der Personifikation des Sozialen, die die Gesellschaft mit einem handelnden Individuum parallelisiert. Sein Vorschlag besteht in erster Linie darin, Metaphern im Zuge der Ausarbeitung einer Theorie aufzulösen und »into ordinary prose« zu übersetzen (ebd.: 252).

Die Problematiken sind damit klar umrissen. Das Ziel ist eine bewusste Einbeziehung der Bilder in die Theoriebildung, etwa indem ihre Implikationen, aber auch die Grenzen ihrer theoretischen Anschlussmöglichkeiten expliziert werden. Giddens hat dies im Blick, wenn er schreibt: »Der Dschagannath-Wagen der Moderne ist nicht aus einem Stück gefertigt, und an diesem Punkt versagt das Bild ebenso wie alles Reden von einem einzigen Weg, den er befährt.« (1995: 174) Auch mit den Leistungen und Funktionen, die Bilder des Sozialen in der soziologischen Theoriebildung sowie in der soziologischen Beschreibung ausüben, kann bewusster und dann auch kritisch umgegangen werden (Schlechtriemen 2014: 78 ff.).

Der Ausweg, den Swedberg vorschlägt, klingt allerdings eher nach der traditionell ikonoklastischen Einstellung und der Forderung einer reinen Formalisierung wissenschaftlicher Ergebnisse. Demgegenüber gehe ich davon aus, dass die Differenz zwischen Begriffen und Bildern keine kategoriale, sondern eine graduelle und kontextbezogene ist (Lüdemann 2004: 30 ff.).[8] Entsprechend kann es keine völlig bildfreie Sprache geben und die Auflösung der Bilder auch nicht das Ziel sein. Stattdessen sollten die Bilder mit ihren medialen Eigenschaften, heuristischen Möglichkeiten und Grenzen explizit in

8 Sabine Maasen differenziert mit *transfer* und *transformation* (1995: 22) verschiedene Integrationsgrade einer in den soziologischen Bereich importierten Metapher.

die Theoriebildung einbezogen werden. Dann sind sie »weniger zu vernachlässigende Epiphänomene oder lästiges Beiwerk als elementare Bestandteile und Bausteine soziologischer Theoriebildung.« (Lemke 2010: 219 f.)

Für einen adäquaten Umgang mit ihnen bedarf es allerdings eigener Gütekriterien, an denen man sich analog zur definitorischen Klarheit und logischen Schlüssigkeit rationaler Argumentationen in der Theoriebildung orientieren kann. Dazu zählen die Passung einer bildlichen Darstellung zum Gegenstandsbereich, das Zusammenspiel der Bilder untereinander, aber auch bildeigene Qualitäten, wie die Kohärenz eines Bildes, seine Sättigung und Prägnanz (vgl. Schlechtriemen 2014: 367 f.). Jede Artikulationsform bringt zusätzliche eigene Optionen und Herausforderungen ins Spiel, die Sprache andere als Diagramme oder Zeichnungen. Deren spielerische Erprobung kann – so lautet das Fazit meiner theoretischen Ausgangspunkte – im Sinne einer ›ästhetischen Reflexion‹ traditionelle Formen soziologischer Theoriebildung gewinnbringend erweitern.

Literatur

Beregow, Elena 2021: Fermente des Sozialen. Thermische Figuren in der Sozialtheorie. Weilerswist: Velbrück.

Black, Max 1983: Die Metapher. In Anselm Haverkamp (Hg.), Theorie der Metapher. Darmstadt: Wissenschaftliche Buchgesellschaft, 55–79.

Blumenberg, Hans 1987: Das Lachen der Thrakerin. Eine Urgeschichte der Theorie. Frankfurt am Main: Suhrkamp.

Blumenberg, Hans 1999: Paradigmen zu einer Metaphorologie. Frankfurt am Main: Suhrkamp.

Brown, Richard Harvey 1977: A Poetic for Sociology. Toward a Logic of Discovery for the Human Sciences. Chicago, London: The University of Chicago Press.

Castells, Manuel 2004: Der Aufstieg der Netzwerkgesellschaft. Opladen: Leske + Budrich.

Durkheim, Émile 1988 [1893]: Über soziale Arbeitsteilung. Studie über die Organisation höherer Gesellschaften. Frankfurt am Main: Suhrkamp.

Farzin, Sina 2011: Die Rhetorik der Exklusion. Zum Zusammenhang von Exklusionsthematik und Sozialtheorie. Weilerswist: Velbrück.

Freeman, Linton C. 2004: The Development of Social Network Analysis: A Study in the Sociology of Science. Vancouver: Empirical Press.

Friedrich, Alexander 2015: Metaphorologie der Vernetzung. Zur Theorie kultureller Leitmetaphern. Paderborn: Wilhelm Fink.

Giddens, Anthony 1995: Konsequenzen der Moderne. Frankfurt am Main: Suhrkamp.

Gießmann, Sebastian 2014: Die Verbundenheit der Dinge. Eine Kulturgeschichte der Netze und Netzwerke. Berlin: Kadmos.

Granovetter, Mark S. 1973: The Strength of Weak Ties. The American Journal of Sociology, vol. 78, no. 6, 1360–1380.

Guggenheim, Michael 2015: The media of sociology: tight or loose translations? The British Journal of Sociology, vol. 66, no. 2, 345–372.

Junge, Matthias (Hg.) 2014: Methoden der Metaphernforschung und -analyse. Wiesbaden: Springer VS.

Lakoff, George / Johnson, Mark 2007: Leben in Metaphern. Konstruktion und Gebrauch von Sprachbildern. Heidelberg: Carl-Auer Verlag.

Lemke, Thomas 2010: Gesellschaftskörper und Organismuskonzepte. Überlegungen zur Bedeutung von Metaphern in der soziologischen Theorie. In Martin Endreß / Thomas Matys (Hg.), Die Ökonomie der Organisation – die Organisation der Ökonomie. Wiesbaden: Springer VS, 201–223.

López, José 2003: Society and its Metaphors. Language, Social Theory and Social Structure. New York, London: continuum.

Lüdemann, Susanne 2004: Metaphern der Gesellschaft. Studien zum soziologischen und politischen Imaginären. München: Wilhelm Fink.

Maasen, Sabine / Mendelsohn, Everett / Weingart, Peter (eds.) 1995: Biology as Society, Society as Biology: Metaphors. Dordrecht, Boston, London: Kluwer.

Maasen, Sabine 1995: Who is afraid of Metaphors? In Sabine Maasen / Everett Mendelsohn / Peter Weingart (eds.), Biology as Society, Society as Biology: Metaphors. Dordrecht, Boston, London: Kluwer, 11–35.

Moreno, Jacob Levy 1967: Die Grundlagen der Soziometrie. Wege zur Neuordnung der Gesellschaft. Köln, Opladen: Westdeutscher Verlag.

Rigney, Daniel 2001: The Metaphorical Society. An Invitation to Social Theory. Lanham, Md.: Rowman & Littlefield.

Schlechtriemen, Tobias 2014: Bilder des Sozialen. Das Netzwerk in der soziologischen Theorie. Paderborn: Wilhelm Fink.

Schmitt, Rudolf 2017: Systematische Metaphernanalyse als Methode der qualitativen Sozialforschung. Wiesbaden: Springer VS.

Swedberg, Richard 2020: Using Metaphors in Sociology: Pitfalls and Potentials. The American Sociologist, vol. 51, no. 2, 240–257.

Tsing, Anna Lowenhaupt 2005: Friction. An Ethnography of Global Connection. Princeton, Oxford: Princeton University Press.

Weinrich, Harald 1976: Sprache in Texten. Stuttgart: Ernst Klett.

Netzwerkforschung als Datenwissenschaft

Ulrik Brandes

Netzwerke sind ein Medium wie gemalt für die Soziologie, Netzwerkforschung ist nichts Besonderes (sondern eine Datenwissenschaft) und Netzwerkpositionen sind ihr zentrales Element. Damit ist alles Wesentliche gesagt und wird im Folgenden nur ausführlich wiederholt. Vielleicht auch relativiert.

Die Wahrnehmung, dass Netzwerkansätze eine eigene Kategorie jenseits der üblichen Zugänge mit eigener Theorie und Methodik bildeten, zehrt unter anderem von der starken Metapher, die dem Bild vom Geflecht aus Beziehungen zugrunde liegt. Es lässt sich auf vielfältige natürliche und technische Instanzen projizieren und mithin dingfest machen. Es verdichtet die Idee des Systems aus wechselwirkenden Elementen und ist gleichzeitig offen für Beziehungen innerhalb und zwischen den Ebenen. Netzwerke werden so zu einem generischen Phänomen, das einerseits breit anwendbar ist, sich andererseits durch eigene Terminologie und dedizierte Software aber auch zur Distinktion eignet. Und nicht zuletzt lässt sich schon visuell eine Anmutung vom versierten Umgang mit Komplexität vermitteln.

Universalität und Exzeptionalität der Netzwerkforschung sind bei nüchterner Betrachtung schwerlich haltbare Ansprüche. Ich möchte vielmehr argumentieren, dass erst die Normalisierung von Netzwerken als Ausdrucksform neben anderen ihrem Nutzen und Bedeutungsumfang gerecht wird.

Theorie

Um es gleich vorweg zu nehmen: Es gibt sie nicht, die Netzwerktheorie.

Wer jetzt mit erhöhter Pulsfrequenz weiter liest oder böse Vorahnungen bestätigt sieht, mag sich gleich wieder beruhigen und ist vielleicht sogar empfänglicher für den folgenden Versuch der Wiedergutmachung.

Gemeint ist eine Groß- wenn nicht gar Maximaltheorie des Netzwerks als Superkonzept (Wilson 2010), die Disziplinen übergreifend auf verschiedenste Gegenstände anwendbar zu sein vorgibt. Damit leistet sie jedoch nicht mehr als die Feststellung, dass es eine gemeinsame, allgemeine Abstraktionsebene gibt, auf der verschiedenste Gegenstände in vergleichbare Formen gebracht werden können.

In derart großer Ferne verblassen nicht nur spezifische Zusammenhänge und Kontexte, sondern es müssen auch widersprüchliche Sätze eingeschlossen werden. Ob mehr oder weniger Beziehungen vorteilhaft oder nachteilig sind, ob Tendenzen der Bildung oder Auflösung von Verknüpfungen durch diese oder jene Merkmale begründet sind oder ob ermöglichende oder behindernde Einflüsse sich ausbreiten oder versickern, wird sich nicht einheitlich feststellen lassen. Abhängig von ihrer inhaltlichen Bedeutung für den jeweils betrachteten Gegenstand können sich die gleichen Mechanismen, Struktureigenschaften und Zusammenhänge in gegensätzlicher Weise entfalten. Die Konsistenz einer Theorie lässt sich so nicht gewährleisten.

Die Netzwerktheorie gibt es daher nicht mehr, als es eine Verteilungs- oder Zeitreihentheorie gibt, also nur im mathematischen Sinne. Aus formal gefassten hinreichenden Voraussetzungen können formal gefasste notwendige Konsequenzen abgeleitet werden; ob deren inhaltliche Interpretationen über verschiedene Gegenstände hinweg in einem systematischen Verhältnis zueinander stehen, ist dagegen in keiner Weise garantiert.

Netzwerken liegt also keine Disziplinen übergreifende Theorie zugrunde, sondern sie sind eine Ausdrucksform für (sub)disziplinäre Vorstellungen. In diesen lassen sich Netzwerktheorien für spezifische Gegenstände formulieren, die als Voraussetzung für empirisch bedeutungsvolle Forschung dienen können.

Netzwerkforschung (als allgemeine *network science*) ist damit eine spezielle Form der Datenwissenschaft (*data science*). Teilt man sie wie etwa für andere mathematische Disziplinen üblich ein in den mathematischen Kern, die zahllosen angewandten Teilgebiete und die jeweils zugehörigen algorithmischen Fragestellungen, dann wird schnell klar, dass gegenstandsunabhängige Einsichten möglich, aber weder an Theorien gebunden noch diese implizierend sind. Eben so, wie man rechnen kann, ohne die Bedeutung der Zahlen zu kennen. Die mathematischen und algorithmischen Werkzeuge werden erst in der angewandten Netzwerkforschung durch ein theoretisches Fundament mit Bedeutung aufgeladen.

Von einer (im Gegensatz zu *der*) Netzwerktheorie sollte daher immer nur in Zusammenhang mit einem hinreichend klar umrissenen Gegenstand gesprochen werden. Weil das Individuum erst durch Wechselwirkung mit anderen Individuen vergesellschaftet wird, sind theoretische Überlegungen zur

Genese und Wirkung von Sozialnetzwerken so alt wie die Soziologie selbst. Auch ohne die nötige Wertschätzung Simmels (Hollstein 2021) wird jede Auseinandersetzung mit der Forschung zu Sozialnetzwerken schnell auf eine Reihe von Theorien mittlerer Reichweite führen (Gamper 2020); Versuche, davon zu verallgemeinern, sind dagegen seltener (Borgatti, Halgin 2011).

Tatsächlich ist aber zwischen einer umfassenden systemischen Weltsicht und den pragmatischen Theorien mittlerer Reichweite noch genügend Raum selbst für disziplinäre Großtheorien. Nach mehr als einem Jahrhundert des Studiums von Hackordnungen, Schülerfreundschaften und Einflussnahmen ist die Soziologie darin weiter als andere Disziplinen (Fuhse 2020), weil sie jenseits des suggestiven Nebeneinanders postulierter Gesetzmäßigkeiten (Jackson 2019) auch explizit formulierte Theorien wie die analytische (Manzo 2021) und relationale Soziologie (Fuhse, Mützel 2010) hervor gebracht hat.

Das macht vielleicht den Schmerz verständlich, der entsteht, wenn der Transfer von Methoden aus der Soziologie, die auf dem Fundament soziologischer Netzwerktheorien entwickelt wurden (Hennig et al. 2012), in anderen Disziplinen als Anwendung der Sozialnetzwerkanalyse bezeichnet wird. Diese Formulierung ergibt wenig Sinn, weil die Eignung formaler Methoden sich ja nicht aus dem Format der Daten, sondern aus Eigenschaften des durch sie repräsentierten Gegenstands ergibt. Ohne Soziales lieber auch keine Anwendung von Sozialnetzwerkanalyse.

Konzeption

Versteht man den Netzwerkansatz nicht als Theorie, sondern Netzwerke als Medium in der Formulierung und Anwendung von Theorien, bleibt als nicht zu unterschätzende Aufgabe die Auflösung der Ausdrucksmöglichkeiten im Spektrum zwischen Angemessenheit und Zweckdienlichkeit.

Die Beobachtungseinheiten eines Netzwerks sind nicht atomar, sondern aus Paaren von anderen Einheiten (den Knoten des Netzwerks) zusammengesetzte Dyaden, die außerdem überlappen, weil dieselben Knoten Elemente verschiedener Dyaden sind. Damit ist wie bei Zeitreihen, in denen die Beobachtungszeitpunkte in linearer Ordnung aufeinander folgen, ein wesentliches Merkmal die Vorstrukturierung der Informationsträger. Es werden analytische Begriffe möglich, die für atomare Beobachtungseinheiten bedeutungslos sind, etwa Periodizität von Zeitreihen oder Zusammenhang von Netzwerken.

Die Festlegung der Beobachtungseinheiten erfordert damit zweierlei: die Bestimmung der Knoten und die Auswahl derjenigen Paare von Knoten, für die Eigenschaften beobachtet werden sollen. Was und in welcher Granularität durch Knoten repräsentiert wird, ist ebenso Teil der Konzeption wie die Bestimmung ihrer Grundgesamtheit und der in den Dyaden zu beobachtenden Eigenschaften (Borgatti et al. 2009; Butts 2009).

Beispielsweise enthalten im Studium von Organisationsverflechtungen verwendete bimodale Netzwerke zwei Arten von Knoten, Personen und Organisationen, und Beobachtungen nur für Paare aus jeweils einer Person und einer Organisation. Das analytische Interesse richtet sich sowohl auf die Struktur der Verflechtungen als Ganzem als auch auf Unterschiede innerhalb der beteiligten Gruppen aus Personen oder Organisationen. Im Unterschied dazu werden mit ego-zentrierten Netzwerken Mengen aus einzelnen fokalen Akteuren durch die sie umgebenden Netzwerke aus Nebenakteuren charakterisiert.

In der soziologischen Netzwerkforschung sind die Analyseeinheiten mitunter die Netzwerke selbst (Makroebene), öfter schon Gruppen von Knoten (Mesoebene), aber meist durch Knoten repräsentierte Individuen (Mikroebene). Die Ebene, auf der Dyaden einzuordnen sind, ist dagegen eine Frage der theoretischen Perspektive. Sie liegt oberhalb der Mikroebene, wenn in den beobachteten Beziehungen Gruppen konstituierende Interaktionen ausgedrückt werden (Raub, Voss 2017). Werden die Knoten hingegen als Aggregation der sie enthaltenden Dyaden angesehen, fügen sie dem Mehrebenenmodell im Grunde noch eine weitere hinzu. Analog zur wechselseitigen Konstituierung von Personen und Gruppen in bimodalen Affiliationsnetzwerken (Breiger 1974) definieren sich Akteure in unimodalen Netzwerken dann erst durch ihre Beziehungen zu den anderen.

Netzwerkkonzepte konkretisieren Abstraktionsebenen und Struktur der in ihnen ausgedrückten Beobachtungen, unabhängig vom sie motivierenden theoretischen Zugang. Selbst wenn sie lediglich als Metapher verwendet werden, steht dahinter doch meist eine zumindest potenzielle, wenn auch unscharfe Konzeption. Empirisch nutzbare Netzwerkkonzepte umfassen die Definition von Variablen, deren Werte – die Daten – Eigenschaften der Beobachtungseinheiten repräsentieren.

Empirie

Statistische Variablen implizieren Vergleichbarkeit und müssen daher auf Beobachtungseinheiten basieren, die grundsätzlich ähnlicher Natur (kommensurabel) sind und doch anhand bestimmter Eigenschaften unterscheidbar sein können (Heintz 2010).

In der soziologischen Netzwerkforschung repräsentieren Knoten meist Individuen, womit Abstraktionsebene und Kommensurabilität gegeben scheinen. Trotzdem folgt daraus noch nicht, dass dies auch für die Dyaden gilt, denn Opportunitäten und Unterscheidungen, die auf Ebene der Individuen nicht von Interesse sein mögen, können die Vergleichbarkeit auf Ebene der erhobenen Beziehungen beeinträchtigen.

Zu diesem vorgelagerten Problem kommt hinzu, dass Beziehungen oft mit wechselnden Messquellen erhoben werden, insbesondere durch Selbstauskunft der Beteiligten. Die symbolisch und visuell homogenisierende Repräsentation von Netzwerken in Graphen und Graphenzeichnungen ist dem Problembewusstsein nicht förderlich, wird gelegentlich aber selbst dort verwendet, wo aus Rücksicht auf vielschichtige Kontexte auf Variablenbildung verzichtet wird.

Solche und andere Komplikationen entsprechen den aus der Erhebung jedweder statistischen Variable bekannten. Netzwerkdaten unterscheiden sich von denen anderer Variablen grundsätzlich ja auch nur dadurch, dass sie auf inzidenz-strukturierten Beobachtungseinheiten definiert sind. Trotzdem gibt es natürlich in Häufigkeit und Ausmaß ihres Auftretens sehr spezifische Schwierigkeiten bei der Erhebung von Netzwerkvariablen.

Die gegenwärtig gebräuchlichen Verfahren zur Analyse von Netzwerken legen nahe, dass die meisten Erhebungen eigentlich als indirekte Messung erfolgen. Es wird leider selten so dargestellt und deshalb noch seltener begründet, aber zahlreiche Netzwerkindizes beruhen darauf, aus dem gegebenen Netzwerk durch die Berechnung beispielsweise von Distanzen zunächst ein abgeleitetes Netzwerk zu erstellen und erst auf diesem dann den Index zu bestimmen. Ein erhobenes Netzwerk aus direkten Beziehungen wird so in ein anderes aus abgeleiteten Beziehungen transformiert. Ein Grund für diesen Zwischenschritt kann die Schwierigkeit sein, die interessierenden Beziehungen unmittelbar zu erheben; stattdessen werden sie durch eine Kombination aus Proxy-Beobachtung und Modellannahme indirekt gemessen. Die Interpretation eines Netzwerks als Infrastruktur, die Ausbreitungsprozesse ermöglicht (Borgatti 2005), untermauert diese Sicht zwar, auf die explizite Formulierung und Begründung des Modells wird dennoch viel zu oft verzichtet.

Netzwerkdaten werden üblicherweise als Graphen oder Matrizen repräsentiert. Das ist für die Analyse hilfreich, weil die Mehrheit der angewandten Verfahren aus der Graphentheorie und Linearen Algebra stammt. Allerdings geht dabei für gewöhnlich der Unterschied zwischen (beobachtet) nicht vorhandenen und unbeobachteten (nicht erhobenen) Beziehungen verloren. Die Definition als auf überlappenden Dyaden definierte Variablen mit möglicherweise nur partiellem Definitionsbereich ist angemessener und erleichtert die Einordnung innerhalb der Datenwissenschaft. Darüber hinaus werden der Umgang mit mehreren Netzwerkvariablen (multiplexe und Mehrebenennetzwerke) sowie die Integration mit Variablen anderen Formats und zeitlich indizierten Variablen nicht durch die Repräsentation eingeengt.

Inferenz

Ob in Prämissen oder Konklusionen, Netzwerkvariablen werden wie andere Variablen verwendet und mit ihnen assoziiert.

Das wird insbesondere in der statistischen Netzwerkmodellierung deutlich, in der es um Abhängigkeiten innerhalb und zwischen Netzwerk- und anderen Variablen geht, die durch Prozesse innerhalb eines oder zwischen mehreren (möglicherweise in zeitlichem Zusammenhang stehenden) Netzwerken verursacht sind (Stadtfeld, Amati 2021). Oft ist dann mindestens eine Netzwerkvariable Explanandum und Ziel der Untersuchung die Netzwerkgenese.

Ist das Interesse dagegen auf Netzwerkeffekte gerichtet, sind kombinatorisch-analytische Ansätze gebräuchlicher. Mit ihnen werden Netzwerkvariablen transformiert oder verdichtet, etwa auf die Mikroebene der Knoten, um dann den Zusammenhang mit anderen Attributen auf derselben Ebene untersuchen zu können.

Knotenindizes wie etwa Zentralitäten sind ein Beispiel für abgeleitete Größen, wie sie für Variablen mit strukturiertem Definitionsbereich üblich sind: Kenngrößen von Verteilungen, Verlaufsmuster in Zeitreihen oder räumliche Gliederungen in geographischen Daten.

Wenn in der Erhebung von ego-zentrierten Netzwerken nach der Anzahl oder Diversität von Kontakten gefragt wird, handelt es sich um eine Abkürzung, in der das Netzwerk nicht erst expliziert und dann ausgewertet wird. Ego- und sozio-zentrierte Netzwerkforschung unterscheiden sich zwar in Erhebungsmethoden und Analyseinteresse (Studium voneinander unabhängiger Individuen durch ihre Netzwerke gegenüber Netzwerken aus Beziehungen von Individuen untereinander), es ist aber dennoch verwunderlich, wie klein der gemeinsame Methodenkern ist. Der Vergleich ego-zentrierter Netzwerke unterscheidet sich nicht prinzipiell vom Vergleich von Positionen innerhalb desselben Netzwerks.

In der Aufwertung von Netzwerkpositionen (Brandes 2016), verstanden als Gesamtheit der relevanten Beziehungen eines Akteurs zu allen anderen, liegt meines Erachtens auch das größte Potenzial zur Systematisierung und Ausweitung der Netzwerkmethodik, denn sie ermöglichen die Unterscheidung grundsätzlich verschiedener Analyseschritte, die in den heute gängigen Verfahren verwoben und versteckt sind. In der Definition einer Position wird expliziert, welche (vor allem abgeleiteten) Relationen und Akteursattribute betrachtet werden und deshalb auch abzuwägen und zu begründen oder durch Alternativen substituierbar sind.

Der Vergleich von Positionen erfolgt separat erst im zweiten Schritt. So kann beispielsweise an die Stelle der Bestimmung einer vollständigen Ordnung der Knoten durch einen Zentralitätsindex, in dem alle Annahmen integriert getroffen werden müssen, die (gegebenenfalls auch nur teilweise) Ordnung von Positionen durch paarweise Vergleiche mit beliebig komplexen und kontextabhängigen Bedingungen treten. Indizes lassen sich so reproduzieren, aber eben auch problembezogen modifizieren.

Positionen von Akteuren können kategorisch, ordinal oder quantitativ verglichen werden, um Rollen, Hierarchien oder kohäsive Gruppen nachvollziehbarer zu bestimmen. Mit theoretisch gerechtfertigten Annahmen sind Vergleiche von Beziehungen zu denselben oder vergleichbaren Akteuren und damit auch netzwerkübergreifende Positionsanalysen möglich. Nicht zuletzt bieten sie durch die Trennung von Definition und Verarbeitung die Möglichkeit kontextbezogener Kuratierung und generell der Integration in Mixed-Methods-Ansätzen.

Schluss

Netzwerke als Datenform sind nicht an Theorien gebunden, und Netzwerkkonzeptionen sind in qualitativen, quantitativen und gemischten Ansätzen zu finden. Die Verwendung von Netzwerken ist nicht einmal eine Entscheidung für methodologischen Individualismus, Kollektivismus oder einen anderen -ismus.

Das Netzwerk als Formensprache wird durch solche Assoziationen unnötig eingeschränkt. Durch die klare Trennung des Mediums von der Interpretation werden nicht nur Missverständnisse und implizite Setzungen vermieden, es wird der Status der Netzwerkforschung normalisiert und die Integration mit anderen Datenformen natürlicher. Das ist ein wenig enttäuschend, weil Disktinktionsgewinn verloren geht, und macht auch noch Arbeit, weil die Angemessenheit der Ausdrucksform in Abstraktionsgrad und Konsistenz nicht durch den Gegenstand gegeben, sondern jeweils eigenständig zu klären ist.

Dass die so greifbare Metapher des Netzwerks sich hervorragend für ansprechende und beeindruckende Visualisierungen eignet, ist bereits angesprochen worden. Als Medium der Exploration und Kommunikation sind Netzwerkbilder deshalb überaus beliebt, nicht nur bei Forschenden. Da es in diesem Heft einen eigenen Beitrag zum Bild als Medium gibt, habe ich mir weitere Ausführungen dazu verkniffen.

Die Netzwerkforschung hat eine lange Tradition und einen reichen Schatz an Methoden, aber es fehlt ihr an Grundprinzipien und Systematik. Insbesondere in der Netzwerkanalyse stammen viele Verfahren aus der Graphentheorie und haben ihre Anwendung gefunden (nicht umgekehrt) oder sind aus der Mutation bestehender Verfahren entstanden. So manche Begründung ist rein intuitiv oder liegt in mathematischer Gefälligkeit. Ein solch organisches Wachstum erschwert die Aufstellung vereinheitlichender Prinzipien und die systematische Anpassung an modifizierte Gegebenheiten.

Dennoch treten Grundideen immer wieder auf und bedürfen möglicherweise nur der Erleichterung vom Ballast der inhärenten Bedeutsamkeit. Viel zu oft werden methodische Alternativen damit gerechtfertigt, dass sie einer irgendwie offensichtlichen Bedeutung des Netzwerks besser entsprächen als ein bestehendes Verfahren, das dies (ohne je den Anspruch gehabt zu haben) versäume.

Ein möglicher solcher Ansatz besteht in der expliziten Definition von Reinformen und dem Entwurf und der Bewertung von Verfahren relativ zu diesen idealtypischen Instanzen mit gegenstandsbezogener Interpretation der Abweichungen. Bekannte Abschwächungsvorschläge für Cliquen als den idealen dicht verbundenen Gruppen könnten so interpretiert werden, und auch für andere Formen wie etwa Zentrum-Peripherie-Strukturen, Zerlegungen in kohäsive Gruppen (*community detection*) und sogar Zentralitäten liegen Ansätze bereits vor.

Auch wenn die Versuchung ähnlich wie bei Modellen dynamischer Systeme und Chaostheorie groß sein mag, aus grundlegender Netzwerkforschung allgemeine Netzwerkphänomene abzuleiten, scheint mir das Beispiel der Zeitreihenanalyse geeigneter, um den Status als theoretisch zu rechtfertigendem, nicht Theorie begründendem Zugang zu beschreiben.

Kontextualisiert als eine durch das Medium bestimmte Instanz der Datenwissenschaft sollte es der Netzwerkforschung leichter fallen, eine grundsätzliche Methodik zu formulieren, die in den Disziplinen theoriegeleitet angewandt werden kann.

Literatur

Borgatti, Stephen P. 2005: Centrality and network flow. Social Networks, vol. 27, no.1, 55–71. doi: 10.1016/j.socnet.2004.11.008.

Borgatti, Stephen P. / Halgin, Daniel S. 2011: On Network Theory. Organization Science, vol. 22, no. 5, 1168–1181. doi: 10.1287/orsc.1100.0641.

Borgatti, Stephen P. / Mehra, Ajay / Brass, Daniel J. / Labianca, Giuseppe 2009: Network Analysis in the Social Sciences. Science, vol. 323, no. 5916, 892–895. doi: 10.1126/science.1165821.

Brandes, Ulrik 2016: Network Positions. Methodological Innovations, vol. 9, 1–19. doi: 10.1177/2059799116630650.

Breiger, Ronald L. 1974: The Duality of Persons and Groups. Social Forces, vol. 53, no. 2, 181–190. doi: 10.2307/2576011.

Butts, Carter T. 2009: Revisiting the Foundations of Network Analysis. Science, vol. 325, no. 5939, 414–416. doi: 10.1126/science.1171022.

Fuhse, Jan 2020: Theories of Social Networks. In Ryan Light, James Moody (eds.), The Oxford Handbook of Social Networks. New York, NY: Oxford University Press, 34–49.

Fuhse, Jan / Mützel, Sophie (Hg.) 2010: Relationale Soziologie. Wiesbaden: VS.

Gamper, Markus 2020: Netzwerktheorie(n) – Ein Überblick. In Andreas Klärner / Markus Gamper / Sylvia Keim-Klärner / Irene Moor / Holger von der Lippe / Nico Vonneilich (Hg.): Soziale Netzwerke und gesundheitliche Ungleichheiten: Eine neue Perspektive für die Forschung. Wiesbaden: Springer VS, 49–64.

Heintz, Bettina 2010: Numerische Differenz. Überlegungen zu einer Soziologie des (quantitativen) Vergleichs. Zeitschrift für Soziologie, 39. Jg., Heft 3, 162–181. doi: 10.1515/zfsoz-2010-0301.

Hennig, Marina / Brandes, Ulrik / Pfeffer, Jürgen / Mergel, Ines 2012: Studying Social Networks – A Guide to Empirical Research. Frankfurt am Main, New York: Campus.

Hollstein, Betina 2021: Georg Simmel's Contribution to Social Network Research. In Bernice Pescosolido / Brea L. Perry / Edward B. Smith / Mario L. Small (eds.), Personal Networks: Classic Readings and New Directions in Egocentric Analysis, Structural Analysis in the Social Sciences. Cambridge: Cambridge University Press, 44–59.

Jackson, Matthew O. 2019: The Human Network: How your Social Position Determines your Power, Beliefs, and Behaviors. New York: Pantheon Books.

Manzo, Gianluca 2021: Research Handbook on Analytical Sociology. Cheltenham, UK, Northhampton MA.: Edward Elgar Publishing.

Raub, Werner / Voss, Thomas 2017: Micro-Macro Models in Sociology: Antecedents of Colema's Diagram. In Ben Jann / Wojtek Przepiorka (eds.), Social Dilemmas, Institutions, and the Evolution of Cooperation. Berlin, Boston: Walter de Gruyter, 11–36.

Stadtfeld, Christoph / Amati, Viviana 2021: Network mechanisms and network models. In Gianluca Manzo (ed.), Research Handbook on Analytical Sociology. Cheltenham, UK, Northhampton MA.: Edward Elgar Publishing, 432–452.

Wilson, Alan 2010: Knowledge Power: Interdisciplinary Education for a Complex World. London, New York: Routledge.

Wissenschaftszeitvertragsgesetz abschaffen – Grundfinanzierung der Universitäten stärken

Erklärung zahlreicher Wissenschaftsverbände zur Prekarität wissenschaftlicher Laufbahnen und #ichbinhanna

Sehr geehrte Frau Stark-Watzinger,
am 29. Juli 2021 sendeten wir eine von 32 geistes- und sozialwissenschaftlichen Verbänden unterzeichnete Erklärung an das Ministerium für Bildung und Forschung, in der wir den #ichbinhanna-Protest unterstützen und dazu aufriefen, das Wissenschaftszeitvertragsgesetz abzuschaffen. Wir erhielten vom BMBF im September 2021 eine kurze Antwort, die auf die laufende Evaluation des Gesetzes verwies. Die Anlage dieser laufenden Evaluation hatten wir in unserem Schreiben allerdings bereits als unzulänglich kritisiert. Nun haben wir eine neue Regierung und das Ministerium hat eine neue Leitung. Wir möchten unsere Aufforderung, die Wissenschaftsverbände in den Prozess der Evaluation und in die Diskussion um das WissZeitVG einzubeziehen, deshalb noch einmal nachdrücklich wiederholen.

Als Wissenschaftsverbände sind wir seit vielen Jahren mit den problematischen Auswirkungen des WissZeitVG befasst. Als nationale Interessenvertretungen beunruhigt uns insbesondere der Umstand, dass das Gesetz durch individuelle Universitätsverwaltungen höchst unterschiedlich ausgelegt wird. Obwohl das Gesetz Rechtssicherheit auf nationaler Ebene schaffen sollte, trägt es maßgeblich zur Verunsicherung bei, etwa wenn es bei der Gestaltung von Einstellungsverfahren und Verträgen willkürlich und restriktiv interpretiert wird. Es fungiert so als Instrument administrativer Absicherung und gerät zum Hindernis für die Forschung und Konkurrenzfähigkeit des Wissenschaftsstandorts Deutschland.

In unserem Schreiben vom letzten Jahr plädierten wir für eine Reform und einen Systemwandel. Für die Gestaltung des Reformprozesses stehen wir mit unserer Expertise und unseren Erfahrungen zur Verfügung.

Mit freundlichen Grüßen
Prof. Dr. Ruth Mayer (DGfA)
Prof. Dr. Lutz Raphael (VHD)
Prof. Dr. Paula-Irene Villa Braslavsky (DGS)

Initiator*innen

- Deutsche Gesellschaft für Amerikastudien (DGfA), Präsidentin Prof. Dr. Ruth Mayer
- Verband der Historikerinnen und Historiker Deutschlands e. V. (VHD), Vorsitzender Prof. Dr. Lutz Raphael
- Deutsche Gesellschaft für Soziologie (DGS), Vorsitzende Prof. Dr. Paula-Irene Villa Braslavsky

Erstunterzeichnende

- Deutsche Gesellschaft für Publizistik und Kommunikationswissenschaft (DGPuK)
- Verband der Deutschen Kunsthistoriker e. V.

Unterzeichnende

- Gesellschaft für Medienwissenschaft (GfM)
- Deutsche Vereinigung für Politikwissenschaft (DVPW)
- Deutsche Vereinigung für Religionswissenschaft e. V. (DVRW)
- Deutsche Gesellschaft für Medizinische Soziologie (DGMS)
- Gesellschaft für Geschichte der Wissenschaften, Medizin und Technik (GWMT)
- Deutsche Gesellschaft für Sozial- und Kulturanthropologie e. V. (DGSKA)
- Deutsche Gesellschaft für Volkskunde e. V. (dgv)
- Gesellschaft für Kanada-Studien in deutschsprachigen Ländern e. V. (GKS)
- Gesellschaft für Anglophone Postkoloniale Studien e. V. (GAPS)
- Deutscher Anglistenverband e. V.
- Gesellschaft für Comicforschung e. V. (ComFor)
- Fachverband Medizingeschichte e. V.
- Gesellschaft für Hochschulgermanistik im Deutschen Germanistenverband (GfH im DGV)
- Gesellschaft für Technikgeschichte e. V. (GTG)
- Mediävistenverband e. V.
- Gesellschaft für Japanforschung e. V. (GJF)
- Kulturwissenschaftliche Gesellschaft e. V. (KWG)

- Fachgesellschaft Geschlechterstudien/Gender Studies Association (Gender e. V.)
- Doing Science & Technology Studies in and through Germany e. V. (stsing)
- Gesellschaft für Musikforschung e.V.
- Society for Women in Philosophy Germany e. V. (SWIP)
- Deutsche Gesellschaft für Ur- und Frühgeschichte e.V. (DGUF)
- Chartered Institute for Archaeologists Deutschland (CIfA Deutschland)
- German Labour History Association (GLHA)
- Deutsche Gesellschaft zum Studium britischer Kulturen e.V.
- Deutsche Gesellschaft für Politikwissenschaft e. V. (DGfP)
- Deutsche Gesellschaft für Hochschuldidaktik e. V. (DGHD)

Aus dem DGS-Vorstand

Liebe Mitglieder der Deutschen Gesellschaft für Soziologie,

immer wieder wird der Wunsch geäußert, etwas mehr über die aktuelle Arbeit des Vorstands zu erfahren. Daher wurde auf der Vorstandssitzung Ende April 2021 entschieden, nach den regulären Sitzungen kurze Berichte zu schreiben, die auf der Homepage der DGS veröffentlicht werden. Das geschieht vier Mal pro Jahr. Auch sonst und sowieso möchten wir Ihnen einen regelmäßigen Blick auf die Homepage www.soziologie.de empfehlen. Sie wird von der Geschäftsstelle stets auf dem neuesten Stand gehalten. Die DGS hat darüber hinaus einen Twitter-Account (@DGSoziologie) und einen Facebook-Account. Einen Newsletter zu verschicken, dagegen haben wir uns bewusst entschieden, um Sie selbst bestimmen zu lassen, wie oft und wie viel Sie über die Verbandsarbeit und alle fachpolitischen Belange informiert werden möchten. Wir wissen, wie nervtötend E-Mail-Newsletter sein können, wie schnell sie zu Spam werden.

Auf unserer letzten Vorstandssitzung am 14. Januar 2022 ging es erwartungsgemäß und mit zunehmender Vorfreude um den DGS-Kongress, der vom 26. bis 30. September 2022 an der Universität Bielefeld stattfindet. Diana Lengersdorf (Universität Bielefeld) und Marc Siegmund vom Organisationsteam berichteten vom aktuellen Stand und wiesen noch einmal auf die Kongresshomepage hin:

https://kongress2022.soziologie.de/aktuelles.

Außerdem freuen wir uns, nun auch das Vorprogramm präsentieren zu können, das Sie ebenfalls auf der Homepage des Kongresses herunterladen können.

Einige weitere Entscheidungen für den Kongress sind getroffen worden, so wird Karl-Siegbert Rehberg den Preis für herausragende Leistungen auf dem Gebiet der öffentlichen Wirksamkeit der Soziologie erhalten. Ganz besonders freuen wir uns darüber, Hans Joas den Preis für das Lebenswerk überreichen zu können. Herr Joas hat bereits dankend zugesagt und wird den Kongress mit einer Dankesrede beehren. Nilüfer Göle (École des hautes études en sciences sociales, Paris) und Mark Savage (London School of Economics) haben für Keynotes zugesagt und es wird, wie schon bei dem DGS/ÖGS-Kongress im letzten Jahr, eine abendliche Sonderveranstaltung ›Soziologie kontrovers‹ geben.

Zudem wird Christof Wolf, Präsident der GESIS – Leibniz Institut für Sozialwissenschaften, das KonsortSWD – Konsortium für die Sozial-, Verhaltens-, Bildungs- und Wirtschaftswissenschaften in der Nationalen Forschungsdateninfrastruktur (NFDI) auf dem Kongress vorstellen.

Das Konzil hatte die DGS beauftragt, die Einladung des CHE zur Mitarbeit an einem Fachbeirat anzunehmen und ergebnisoffene Gespräche zu führen. Die DGS wird darin vertreten von Jörg Blasius, Stephan Lessenich, Hanna-Lena Wilmes, Tobias Wolbring und Christof Wolf.

Der Vorstand freut sich darüber, dass der Ort für den Kongress 2024 quasi feststeht – verraten wird dies aber formal erst in Bielefeld.

Außerdem haben Angelika Poferl und Nicole Burzan, beide TU Dortmund, erneut zugesagt, die DGS-Kassenprüfung 2022 zu übernehmen. Vielen Dank!

Sehr bedauerlicherweise hat die DFG unseren Antrag auf die Finanzierung einer Open Access Zeitschrift, dem German Sociological Journal, abgelehnt. Die Gründe waren überwiegend nachvollziehbar und beziehen sich insbesondere auf die Frage, was *German* an so einem international Journal sei. Ob der ASR oder dem BJS solche Fragen in Reviews gestellt wurden? Anyhow. Wir haben uns vom Frust erholt und suchen nun nach anderen, nachhaltigen, finanzierbaren und sinnvollen Wegen, ein international sichtbares OA Journal ›aus Deutschland / dem deutschsprachigen Raum‹ heraus zu realisieren. Oder eben das Projekt doch ad acta zu legen. Dies wird noch diskutiert, sicherlich auch in Bielefeld.

Ansonsten gilt weiterhin: We'll keep you informed! Wenn Sie etwas wissen oder kommentieren möchten, melden Sie sich gern bei der Geschäftsstelle. Marcel Siepmann (marcel.siepmann@kwi-nrw.de) ist Ihr / Euer Ansprechpartner, insbesondere hinsichtlich organisatorischer und verbandsinterner Abläufe. Alle Vorstandsmitglieder sind selbstverständlich auch ansprechbar, Sie finden uns über die Website.

Herzliche Grüße, auch im Namen der Vorstandskolleg:innen,
Paula-Irene Villa Braslavsky

Veränderungen in der Mitgliedschaft

Im Jahr 2021 hat die DGS 182 neue Mitglieder dazu gewonnen, darunter 47 Studierende. 118 Mitglieder sind ausgetreten und 10 verstorben. Zum Jahresende 2021 hatte die DGS 3.507 Mitglieder.

Neue Mitglieder

Hilal Akdeniz, Potsdam
Lea Beck-Knoll, Augsburg
Johannes Frederik Burow, Passau
Jun.-Prof. Dr. Tobias Escher, Düsseldorf
Prof. Dr. Swantje Goebel, Berlin
Julian Heide, Berlin
Dr. phil. Peter Herche, Radevormwald
Dr. Isabel Hilpert, Leipzig
Michael Jäkel, Köln
Dipl.-Soz. Philipp Kahnert, Magdeburg
Dr. Elifcan Karacan, Berlin
Dr. Max Keck, Duisburg
David Kempf, Eichstatt
Julia Kett-Hauser, Frankfurt am Main
Maik Kiesler, M.Sc., Kassel
Christian Koschatzky, Bonn
Prof. Dr. Jochem Kotthaus, Dortmund
Janina Deborah Limberger, Freiburg
Prof. Dr. Xun Luo, Coburg
Sara Lüttich, Gießen
Kristina Meier, Göttingen
Dr. Tobias Mettenberger, Berlin
Femke Opper, Hamburg
Nick Passau, M.A., Düsseldorf
Christina Siegert, Wien
Niklas Strüver, M.A., Siegen
Yueran Tian, Bielefeld

Dr. Daria Tisch, Köln
Judith Tröndle, Esch-sur-Alzette
Ingmar Zalewski, M.Sc., Kassel
Prof. Dr. habil. Sabine Zinn, Berlin

Neue studentische Mitglieder

Sebastian Delles, Lebach
Jenny Huch, Augsburg
Lisa Köppchen, Dalheim
Gero Alexander Robert Menzel, Offenbach
Filip Rozborski, Berlin
Andrea Schmalenberg, Darmstadt
Meret Stephan, Berlin

Austritte

Dr. Jörg Abel, Recklinghausen
Lukas Dehm, Wiesbaden
Nora Drohne, Kassel
Dipl.-Soz. Kerstin Duemmler, Neuchâtel
Prof. Dr. Dr. Robert Hettlage, Regensburg
Till Hovestadt, Leipzig
Mark Sebastian Huster, Bremen
Arne Janz, M.A., Berlin
Dipl.-Soz. Georg Jochum, München
Dr. Selma Kadi, Tübingen
Anna Krämer, Wiesbaden
Dr. Katharina Lutz, München
Prof. Dr. Ina Merkel, Marburg
PD Dr. Yana Milev, St. Gallen
Victoria Morvai, Remscheid
Dr. Klaus Ruth, Sottrum
Alexander Schlager, M.A., Tübingen
Dr. Lars Schulhoff, Nürnberg
Stefanie Schwarzkopf, Berlin

Timo Seidl, Germaringen
Dr. rer. soc. Anne Suphan, Stuttgart
Prof. Dr. Christine Wiezorek, Gießen
Dr. phil. Benjamin Zander, Göttingen

Verstorben

Prof. Dr. Cornelia Helfferich, Freiburg

Sektion Europasoziologie

Herbsttagung »Die Europäische Union und ihre Grenzen« am 12. und 13. November 2021 an der Pädagogischen Hochschule Schwäbisch Gmünd

Wie die historisch-vergleichende Sozialforschung gezeigt hat, sind Aufbau und Verfestigung von Grenzen nach außen und Abbau und Differenzierung von Grenzen nach innen ein zentrales Element von Herrschaftsbildungsprozessen. Das ist beim europäischen Projekt nicht anders. Binnenmarkt und Personenfreizügigkeit zählen zu seinen Pfeilern, während die jeweiligen Außengrenzen immer stärker hervortreten, ungeachtet der Tatsache, dass die künftigen Grenzen der EU weiterhin unbestimmt sind.

Um die Außengrenzen der europäischen Staatengemeinschaft, um Mobilitätsbarrieren im Binnenmarkt und um deren Folgen für das Zusammenwachsen Europas ging es bei der Herbsttagung der Sektion Europasoziologie. Sie wurde organisiert von *Stefan Immerfall* und *Helmar Schöne* (beide Schwäbisch Gmünd) und fand am Zentrum für Migrations- und Integrationsstudien der Pädagogischen Hochschule Schwäbisch Gmünd statt. Aufgrund der pandemischen Entwicklung musste die Tagung online stattfinden. Das war mit den bekannten Beeinträchtigungen für Diskussionen abseits der Vorträge verbunden, hatte aber immerhin den Vorteil, dass bis zu 40 Personen die Vorträge verfolgten, eine Zahl, die womöglich in Präsenz nicht erreicht worden wäre.

Die erste Session – von *Monika Eigmüller* (Flensburg) moderiert – verhandelte *soziale* Realitäten der Binnenmarktfreiheit. *Anton Sterbling* (Fürth) wies auf institutionentheoretische Problematiken der sozialen Sicherung im europäischen Sozialraum hin. Kaum kompatible Alterssicherungsansprüche würden bei Arbeitsmigrant:innen aus Ländern des östlichen Europas nach Ende der Berufstätigkeit häufig zu Armutsgefährdung oder Altersarmut führen.

Ein überwiegend positives Bild von den Strukturen der Arbeitsaufnahme neuzugezogener Rumän:innen zeichnete hingegen *Léa Bendele* (Heidenheim) für die von ihr untersuchte Region. Mittels qualitativer Interviews hat sie die »stille, meist arbeitende Mehrheit« untersucht und deren Mobilitätsmuster anschaulich gemacht. Bendele zufolge könne für diese Gruppe von einer »Migration in die Sozialsysteme« keine Rede sein.

Die begrenzte Durchsetzbarkeit von Arbeitnehmerrechten in einem Binnenmarkt wirtschaftlicher Freiheiten analysierte *Josephine Assmus* (Bremen). Ein Grund für die sozialrechtlichen Barrieren sei, dass Interessenvertretung in der Regel im nationalen Kontext organisiert sei. Hier setzte das von Assmus untersuchet Projekt *Faire Mobilität* des Deutschen Gewerkschaftsbundes an, das transnationale Unterstützung für mobile Arbeitnehmer:innen aus (Mittel)Osteuropa bietet.

Auch *Martin Heidenreich* (Oldenburg) hob die Bedeutung des rechtlichen Status der Arbeitsmigrant:innen als Unionsbürger hervor. In einer sorgfältigen Analyse von Einkommen und Lebensbedingungen (EU-SILC) konnte er zeigen, dass EU-Arbeitsmigrant:innen gegenüber den Einheimischen zwar Einkommens- und Arbeitsmarktnachteile erführen, jedoch gegenüber Nicht-EU-Bürger:innen Lohnvorteile erzielten. Die Regeln des EU-Binnenmarkts, so Heidenreich, begünstigen »strategische Migration« von vergleichsweise besser qualifizierten und gesünderen EU-Arbeitnehmer:innen aus ärmeren in wohlhabendere Länder.

Die zweite Session, »Ebenen transeuropäischen Zusammenhalts«, wurde von *Stefanie Börner* (Magdeburg) geleitet. *Elisabeth Donat* und *Simon Lenhart* (beide Krems) richteten den Blick zunächst auf die regionale Ebene. Jene habe im politischen System der EU eine Aufwertung erfahren, nicht zuletzt verbunden mit der Hoffnung, damit ließe sich mehr »Bürger:innennähe« herstellen. Mittels einer Befragung regionaler Abgeordneter in Polen, Spanien, Deutschland und Österreich können Donat und Lenhart indes herausarbeiten, dass Regionalismus und Europäische Integration keineswegs in einem »harmonischen Verhältnis« zueinander stünden. Regionalismus müsse nicht mit pro-europäischen Einstellungen einhergehen.

Christina Grabbe (Bremen) widmete sich in ihrem Beitrag dem Rat der Europäischen Union. Selbst zwischen den westeuropäischen Staaten gäbe es überraschend gegensätzliche Positionen zum Vorschlag der Europäischen Kommission für die Reform der Europäischen Koordinierung der sozialen Sicherheit, etwa zum Export von Arbeitslosengeld. Mittels eines Most-Similar-Systems-Designs, basierend auf Fallstudien von Deutschland, Dänemark und den Niederlanden, entwickelte Grabbe eine historisch-institutionalistische Erklärung.

Isabel Hilpert (Leipzig) zeichnete den Auf- und Ausbau der europäischen Grenzschutzagentur Frontex nach, die ein kontinuierliches Wachstum und mehrfache Mandatserweiterungen erlebt habe. Die de facto Errichtung einer europäischen Grenzpolizei stelle die exklusive Verbindung zwischen Grenzen und Nationalstaat in Frage, wenngleich die nationale Hoheit über Grenzen formal und diskursiv weiterhin aufrechterhalten werde.

Annegret Eppler und *Jan Molzberger* (Kehl) beendeten den ersten Tagungstag mit einer Konzeptualisierung von europäischer (Des-)Integration als bidirektional und mehrdimensional. Speziell analysierten sie »EU-Desintegration« als Rückschritte rechtsstaatlicher Systeme, wofür (nicht nur) die aktuelle Entwicklung in Polen den Tagungsteilnehmer:innen reiches Diskussionsmaterial bot.

Die dritte Session der Tagung am folgenden Tag trug den Titel »Desintegrationseffekte und Integrationsschübe« und wurde von *Helmar Schöne* (Schwäbisch Gmünd) geleitet. Mit seinem Vortrag »Die Europäische Union und ihre Grenzen« setzt *Darius Ribbe* (Greifswald) den Ton der Session in Richtung Integration, indem er ein 4-Stufen Model europäischer Integration vorstellte und an praktischen Beispielen belegte. Danach könnten Krisendynamiken die Integrationsbarrieren der Staats- und Regierungschef:innen immer wieder überwinden.

Um Krisen anderer Art ging es bei *Martin Höpner* (Köln), nämlich um die arbeitnehmerfeindliche Ausdeutung der Grundfreiheiten durch den Europäischen Gerichtshof. Höpner diskutierte verschiedene Reformoptionen, das kollektive Arbeitsrecht effektiver vor den Binnenmarktregeln abzuschirmen. Im Ergebnis empfahl er das Konzept der Bereichsausnahmen und die Rückführung der Binnenmarktfreiheiten von Beschränkungs- zu Diskriminierungsverboten.

Von einem herausragenden Fall produktiver Krisenfolgen berichteten *Michael Blauberger* (Salzburg) und *Susanne K. Schmidt* (Bremen). In der Corona-Krise gelang, was vorher mehrfach vergeblich versucht worden war: die Verabschiedung eines Arbeitsschutzkontrollgesetzes, das die Arbeitsbedingungen insbesondere in der Fleischindustrie deutlich verbessern könnte. Blauberger und Schmidt wiesen aber auch auf die besonderen Umstände hin, die diese Reformen begünstigt hätten. Ähnliche Fortschritte seien in anderen Sektoren mit gleichwohl ähnlich prekären Arbeitsbedingung (Saisonarbeit, Logistik, Bau etc.) deshalb nicht zu erwarten.

Schließlich kehrte *Frank Schimmelfennig* (Zürich) nochmals zu Europas Außengrenzen und ihrer Rolle bei der Integration in der Europäischen Union zurück. Integration sei als Interaktion interner Entgrenzung und externer Grenzziehung zu begreifen. Wie integrationsförderlich diese Interaktion sei, hänge von den relativen Kosten und Vorteilen der externen gegenüber der internen Grenzziehung ab. Derzeit sei eine wachsende Politisierung der EU-Außengrenzen zu beobachten.

In seinem Schlusswort bekräftige *Stefan Immerfall* (Schwäbisch Gmünd), dass mit dem doppeldeutigen Titel »Die Europäische Union und ihre Grenzen« ein passendes Motto für die Tagung gefunden worden sei. Während die Grenz- und Asylpolitik der Europäischen Union und ihrer Mitgliedsländer von Beginn umstritten waren, zeige sich immer deutlicher, dass sich auch der Binnenmarkt und die Arbeitnehmer-Freizügigkeit kritischen Fragen stellen müssten. Die Balance von Marktfreiheiten und sozialen Rechten sei weiterhin fragil und die Aushöhlung des europäischen Rechtsrahmens habe ein Ausmaß erreicht, das bis vor kurzem nicht für möglich gehalten worden sei. Hier sei kritische Europaforschung gefragt, zu der diese, trotz Online-Formats lebendige Tagung interessante Beiträge geliefert habe.

Stefan Immerfall

Sektion Soziologie der Kindheit

»Kann kindheitstheoretische Forschung ohne Thematisierung von Gender überhaupt (noch) auskommen? Ein Workshop zur Verschränkung von Kindheitsforschung und Gender Studies« am 11. November 2021 an der Leuphana Universität, Lüneburg (online)

Vor über 30 Jahren problematisierte Barrie Thorne in seinem Aufsatz *Re-Visioning Women and Social Change*, dass die Entwicklungen der Childhood Studies ein blinder Fleck in der feministischen Theoriebildung sind: »Feminists have re-visioned women as active subjects in knowledge by granting them agency and diversity and by challenging divisions like public versus private. But both feminist and traditional knowledge remain deeply adult centred.«. Clare Bartholomaeus und Adriano Souza Senkevics stellen 2015 auch für die Childhood Studies eine fehlende analytische und theoretische Tiefe bei der Berücksichtigung von Gender fest: Die kindheitssoziologische Forschung bleibe in einer deskriptiven und binären Unterscheidung zwischen männlich/weiblich als Mädchen/Junge verhaftet, ohne die Konstruktion und Bedeutung dieser Differenzen zu hinterfragen oder gar ihre Dekonstruktion oder Auflösung anzudenken. Diese fehlenden Bezugnahmen standen im Fokus eines Workshops, der von *Sebastian Amann* (Paderborn), *Nicoletta Eunicke* (Mainz) und *Jana Mikats* (Wien) des Netzwerks sozialwissenschaftliche Kinder- und Kindheitsforschung in der Sektion Soziologie der Kindheit im Rahmen von deren Jahrestagung »Politiken der Kindheit« organisiert wurde. Der Workshoptitel kann dabei als zugespitzte Frage an die Teilnehmenden gelesen werden.

Nach einer Einführung in das Tagungsthema durch *Jana Mikats* und Grußworten von *Lars Alberth* (Lüneburg) wurden in drei parallelen Sessions (A) theoretische Perspektiven, (B) politisch-ideologische Implikationen sowie (C) methodologische Reflexionen diskutiert. In den Workshops wurden jeweils Thesenpapiere von zwei bis drei Vortragenden zu ihren laufenden Forschungsvorhaben diskutiert. Begleitet wurden diese durch je eine ausgewiesene Expertin aus dem Feld der Kindheits- und/oder Geschlechterforschung.

In *Session A* standen »blinde Flecken« sowie Möglichkeiten von Verschränkungen und Ergänzungen theoretischer Ansätze im Fokus. *Anneka Beck* (Osnabrück) diskutierte, inwiefern generationale Ordnungen vergeschlechtlicht wahrgenommen und als solche reproduziert werden. *Bettina Grimmer* (Siegen) stellte ihre Überlegungen zur theoretischen Verschränkung von symbolischer Gewalt und generationaler Ordnung vor. Im gemeinsamen Austausch rückten insbesondere die Fragen nach der Emergenz von Theorien und nach dem quasi ›Verschwinden‹ von feministischer Theoriebildung aus der ›Mainstream-Soziologie‹ in den Fokus. Daran anschließend wurde diskutiert, inwiefern dieses ›Verschwinden‹ auch in der Kindheitsforschung zu beobachten ist. Als *Critical Friend* begleitete *Jeanette Windheuser* (Berlin) diese Session.

In *Session B* wurde die Verknüpfung von Kindheits- und Gender-Studies im Hinblick auf politisch-ideologische Implikationen betrachtet. *Alina Zils* (Halle-Wittenberg) brachte mit dem *exit gender* Ansatz eine konkrete Idee zur (nicht-)Vergeschlechtlichung in ethnografischen Forschungsprozessen in die Diskussion ein. Der zweite Beitrag von *Kira Ammann* (Bern) stellte das Thema von Anerkennung, Menschenrechten und Gender in Bezug zu dem Rechtsdokument der UN-Kinderrechtskonvention in den Mittelpunkt. Von *Sabina Schutter*, der Vorstandsvorsitzenden von SOS-Kinderdorf e.V., wurde hier als *Critical Friend* die Frage aufgeworfen, inwiefern Frauenrechte im Konflikt zu Kinderrechten stehen (können). Der Beitrag von *Eva Reitz* (Mainz) ging durch eine lebhafte Diskussion auf das Erleben der Teilnehmer*innen von Geschlechtlichkeit in der Berichterstattung im Rahmen der Covid-19-Pandemie ein. Hier war Gegenstand des Austausches, wo sich Unterschiede und Gleiches in der Thematisierung von Geschlecht von Erwachsenen und Kindern zeigen (zum Beispiel Funktionalisierung von Geschlecht und Kindheit). In der abschließenden Zusammenschau stand die Frage im Raum: Inwiefern müssen wir als Forschende auch nach unserer eigenen Parteilichkeit fragen? Welche Relevanzen wollen wir setzen, verstärken und/oder verbinden?

In *Session C* standen das methodische Vorgehen und vor allem Fragen zur Reflexion hinsichtlich Gender und generationalen Ordnungen im Fokus. *Rabea Krollmann* und *Ljuba Meyer* (Dortmund) befassten sich mit der Konstruktion der kindlichen Geschlechtlichkeit durch Eltern und stellten dabei die Differenz im empirischen Material zwischen Interviews und Fotografien heraus. *Hoa Mai Trần* (Siegen) näherte sich dem Thema Kindheit und Geschlecht aus einer post-humanistischen Perspektive am Beispiel der Nutzung und Aneignung digitaler Medien. *Christine Weinbach* (Bonn) präsentierte ihre Reflexion zum empirischen Zugang zu (Geschlechter-)Differenzen im Kontext ihrer systemtheoretischen ausgerichteten Forschung über die Umsetzung Gender-pädagogischer Programmatiken in der Kita-Erziehung. In der Session wurden insgesamt die Möglichkeiten diskutiert, wie Geschlecht (und andere Ungleichheitsdimensionen) in unterschiedlichen Phasen des Forschungsprozesses relevant gemacht wird, konzeptionell aber auch aufgebrochen werden kann, um Reifikationen zu vermeiden: in der theoretischen Rahmung, dem methodologischen Zugang und in der Materialanalyse. *Melanie Kubandt* (Vechta), *Critical Friend* der Session, betonte die Bedeutung der laufenden Reflexion als Forschende. Auffallend war zudem, dass der gesamte Austausch in der Session auf Geschlecht und weniger auf generationale Ordnungen abzielten, was über die Herausforderungen einer gleichwertigen Verschränkung mutmaßen lässt.

In der abschließenden Plenumsdiskussion mit allen Teilnehmenden zeigte sich, dass trotz der thematischen Unterschiede viele Parallelen etwa bezüglich der konzeptionellen und empirischen Adressierung und Zugänglichkeit von Geschlecht und Kindheit sowie der Herausforderung, dabei Geschlecht und Generation zu relationieren, diskutiert wurden. Eine lebhafte Diskussion entstand zur Frage, inwiefern sich Politik, Theorie und Forschung trennen lassen (sollten) oder ob nicht insbesondere die Felder der Kindheits- und Geschlechterforschung als per se politisch gelten. Moderiert wurde die Abschlussdiskussion von *Jessica Schwittek* (Duisburg-Essen).

Insgesamt wurde mit diesem Workshop die Diagnose einer fehlenden Relationierung sowohl in der internationalen als auch der deutschsprachigen Kindheits- und Geschlechterforschung bestätigt. Zeitgleich konnten diverse Parallelen zwischen den Forschungsfeldern herausgearbeitet werden: etwa bei in der Konzeptentwicklung der generationalen Ordnung in Analogie zur Geschlechterordnung, der Dekonstruktion von »Natürlichkeit« von Kindheit und Geschlecht (Stichworte: Körper, Wesen, private/öffentliche Sphäre) oder den emanzipatorischen und politischen Forderungen in und durch Forschung. Der Workshop konnte demnach die Potentiale der Verschränkung von Kindheits- und Geschlechterforschung sichtbar machen und unterstreicht die fortwährende Relevanz eines intradisziplinären Austauschs in der Soziologie.

Britta Menzel, Teresa Vielstädte

Dem Verleger Edmund Budrich zum 90. Geburtstag

Am 14. März feierte Edmund Budrich seinen 90. Geburtstag – ein Anlass, ihn zu würdigen und an seine Verdienste für die Soziologie zu erinnern.

Budrich wurde 1932 in Berlin-Neukölln geboren. Er studierte Musikwissenschaft und war ein leidenschaftlicher Schachspieler. 1951 wurde er DDR-Jugendmeister. 1954 ging er nach West-Berlin. Beim Westermann Verlag in Braunschweig sammelte er erste Erfahrungen im Verlagswesen und 1960 kam Edmund Budrich zum Westdeutschen Verlag, den Friedrich Middelhauve 1947 in Opladen für Politikwissenschaft und politische Bildung gegründet hatte. Dort fand er ein Betätigungsfeld, dem er bis heute treu geblieben ist. Middelhauve kaufte den traditionsreichen, 1821 in Darmstadt gegründeten Verlag C.W. Leske, der im revolutionär gestimmten deutschen Vormärz eine bedeutende Rolle gespielt hatte.

Als es 1974 zur Insolvenz kam, kaufte Budrich den Anteil des Leske-Verlages, der fortan als *Verlag Leske + Budrich, Opladen* firmierte. Es begann eine einzigartige Erfolgsgeschichte über einen Zeitraum von dreißig Jahren. Darüber habe ich in der SOZIOLOGIE anlässlich Budrichs 70. Geburtstags berichtet (Schäfers 2002) und darauf hingewiesen, dass der Weg einer wissenschaftlichen Disziplin nicht denkbar ist ohne das Engagement und den Weitblick von Verlegern. Ihr ganz persönlicher Einsatz, ihre Anregungen und »Begleitungen« entstehender Werke haben mehr Anteil an der »Lehrgestalt« (Mannheim 1932) einer Disziplin, als den Lehrenden und Studierenden in der Regel bewusst ist. Als Beispiel kann der Verlag J.C.B. Mohr in Tübingen gelten, über dessen Zusammenarbeit mit Max Weber ein umfangreicher Briefwechsel Auskunft gibt.[1]

In den Fächern Soziologie, Politische Wissenschaft und politische Bildung beziehungsweise Sozialkunde hatten Werke aus dem Verlag Leske + Budrich, viele davon in Kooperation mit UTB, einen unübersehbaren Stellenwert. Rechnet man noch die rund zwanzig sozialwissenschaftlichen Zeitschriften hinzu, die in seinem Hause verlegt wurden, so ist der Beitrag für die deutschsprachige Soziologie, die Politikwissenschaft und politische Bildung einzigartig zu nennen.

Einzigartig war sein Bemühen, jungen Wissenschaftlern und Wissenschaftlerinnen eine erste Möglichkeit der Veröffentlichung zu bieten und die Bücher preiswert zu machen. Die Massenauflagen der empirischen Untersuchungen über die Jugend, initiiert vom »Jugendwerk der Deutschen Shell«,

1 Vgl. in der Abt. II der Max Weber Gesamtausgabe die Bände 5, 6, 7 und 8 (Weber 1990 ff.).

oder die Veröffentlichungen der PISA-Vergleichsstudien zum Bildungswesen machten seinen Verlag über Fachgrenzen hinaus bekannt, ebenso die Verbreitung zahlreicher Bücher über die Bundeszentrale für politische Bildung.

Schwerpunkte seines Engagements lagen zweifelsfrei im Bereich einer durch die Sozialwissenschaften, zumal Politikwissenschaft und Soziologie, fundierten Sozialkunde, die unterrichtstauglich ist. Dieses Engagement geht zurück bis in die 1960er Jahre, als die von Karl Martin Bolte herausgegebenen Einzelhefte und Bände »Deutsche Gesellschaft im Wandel« im C.W. Leske Verlag erschienen.

Budrichs Verbindung zur DGS bekam 1993 einen quasi offiziellen Status. Als der Ferdinand Enke Verlag in Stuttgart, bei dem auf Initiative von M. Rainer Lepsius das Mitteilungsblatt der DGS seit 1972/73 erschienen war (Baecker et al. 2021), sich von dieser Aufgabe trennen wollte, war Edmund Budrich bereit, die Zeitschrift zu übernehmen. Bis zur Übergabe an den Campus Verlag in Frankfurt am Main war Opladen der Verlagsort. Auch der 1976 gegründete Berufsverband Deutscher Soziologen[2] konnte seine Zeitschrift »Sozialwissenschaften und Berufspraxis« im Verlag Leske + Budrich herausgeben. Zu erinnern ist auch daran, dass die Zeitschriften »Soziale Systeme« und das »Berliner Journal für Soziologie« zunächst in Budrichs Verlag erschienen.

2003 verkaufte Edmund Budrich seinen Verlag an *Springer Science+Business Media,* in dessen Verlag für Sozialwissenschaften (VS) noch zahlreiche der von ihm verlegten Bücher und Standardwerke für das Fach fortgeführt werden. Nur an eines dieser Erfolgsbücher sei erinnert: das »Handwörterbuch zur Gesellschaft Deutschlands«. Dieses voluminöse Werk, das 1998 von Wolfgang Zapf, damals Präsident des Wissenschaftszentrum Berlin für Sozialforschung, und mir herausgegeben wurde, kam bereits zwei Jahre später in die zweite Auflage. Gern entsprachen wir der Bitte von Steffen Mau, das Werk in eine revidierte Neuauflage zu bringen (Mau, Schöneck 2013).

Edmund Budrich hätte sich zur Ruhe setzen können. Wer ihn kennt, weiß, dass ihm dieser Gedanke fern lag. Er kaufte vom Springer Verlag die Zeitschrift *Gegenwartskunde* zurück und führte sie unter dem Namen *Gesellschaft – Wirtschaft – Politik. Sozialwissenschaften für politische Bildung* weiter. Im letzten Jahr konnte sie auf 70 Jahre ihres Erscheinens zurückblicken. Edmund Budrich, seit 1966 Protokollant und Schriftführer dieser Zeitschrift,

2 jetzt: Berufsverband Deutscher Soziologinnen und Soziologen

wurde Mitherausgeber und ist weiterhin als zuständiger Redakteur unermüdlich für sie tätig.

Die Zeitschrift erscheint im Verlag seiner Tochter Barbara Budrich, mit den Verlagsorten Opladen, Berlin und Toronto. Die große Erfolgsgeschichte des Hauses Budrich wird nun auch international fortgeschrieben.

Bernhard Schäfers

Literatur

Baecker, Dirk / Farzin, Sina / Lautmann, Rüdiger / Nissen, Sylke / Schwietring, Thomas / Vobruba, Georg / Weiß, Johannes 2021: 50 Jahre SOZIOLOGIE. Kein Zwang zur Debatte. SOZIOLOGIE, 50. Jg., Heft 4, 403–420.

Mannheim, Karl 1932: Die Gegenwartsaufgabe der Soziologie. Ihre Lehrgestalt, Tübingen: Mohr (Siebeck).

Mau, Steffen / Schöneck, Nadine M. (Hg.) 2013: Handwörterbuch zur Gesellschaft Deutschlands. Wiesbaden: Springer VS.

Schäfers, Bernhard 2002: Edmund Budrich zum 70. Geburtstag. SOZIOLOGIE, 31. Jg., Heft 2, 137–138.

Weber, Max 1990 ff.: Max Weber Gesamtausgabe, Abt. 2, Briefe. Hrsg. von M. Rainer Lepsius und Wolfgang J. Mommsen in Zusammenarbeit mit Birgit Rudhard und Manfred Schön. Tübingen: Mohr (Siebeck).

Weber, Max 2019: Max Weber-Gesamtausgabe. Band II: Briefe. Tübingen: Mohr (Siebeck).

In memoriam Alfred Bellebaum (25. Juli 1931 – 25. Oktober 2021)

Angesichts des durch die Jahrtausende hindurch so ausgedehnten Interesses am »Glück« rief 1996 in einer im Südwestfunk ausgestrahlten Sendung »Der Traum vom Glück« Erstaunen hervor, »dass es bis zum Jahre 1991 dauerte, ehe das Glück erstmals zum Objekt eines interdisziplinären Forschungsansatzes wurde«. Pionierdienste hat hier der lange Zeit an den Universitäten Koblenz und Bonn lehrende Soziologe Alfred Bellebaum mit der Gründung des »Instituts für Glücksforschung e.V.« in Vallendar geleistet.

Bellebaum, am 25. Juli 1931 in Siegen geboren, studierte die Fächer Wirtschaftswissenschaften und Soziologie an der Universität zu Köln. Angeregt durch seinen Lehrer René König ging er in die »Schule eines Klassikers« und befasste sich im Rahmen seiner 1964 abgeschlossenen Dissertation mit Ferdinand Tönnies unter besonderer Berücksichtigung der bis dahin vernachlässigten empirisch-statistischen Arbeiten (Bellebaum 1966). Fünfzig Jahre später wurde diese Schrift zur Freude des Verfassers in der Reihe »Tönnies im Gespräch. Schriftenreihe der Ferdinand-Tönnies-Arbeitsstelle an der Alpen-Adria-Universität Klagenfurt« neu aufgelegt. Im Nachwort merkt der Herausgeber an:

> »Die Tönnies-Monographie Alfred Bellebaums ist eine der ganz wenigen Arbeiten, in der es dem Autor in hervorragender Weise gelungen ist, Tönnies‘ empirische und statistische Studien in eine nachvollziehbare Beziehung zu setzen zu seiner aus ›Gemeinschaft und Gesellschaft‹ sich ergebenden Begriffsarchitektur.« (Bammé 2016: 218)

Trotz dieses aus heutiger Sicht so bedeutsamen Werkes führten die Wege Bellebaums zunächst in den außeruniversitären Kontext. Er war unter anderem als Fachredakteur für Soziologie bei der 6. Auflage des Staatslexikons der Görresgesellschaft im Herder Verlag Freiburg, tätig. Nach vorübergehender Assistentenzeit im Seminar für Gesellschaftslehre der Universität Frankfurt am Main kehrte er als Chefredakteur für Sozialwissenschaften in das Lexikographische Institut des Herder Verlags zurück. Hier oblag ihm die Betreuung des bis heute lesenswerten Handbuches »Die moderne Gesellschaft« (Bellebaum 1972a). 1971 erhielt er schließlich den Ruf an die Universität Koblenz, wo er bis zu seiner Emeritierung im Jahre 1996 lehrte. Zugleich hatte er eine Honorarprofessur an der Universität Bonn inne.

Die Sensibilisierung für die sozialpathologischen Erscheinungen einer Gesellschaft sowie die Einsicht in die praktische Bedeutsamkeit soziologischen Wissens bestimmten zunächst die weitere wissenschaftliche Arbeit

Bellebaums. Das Bemühen um einen Praxisbezug seiner Disziplin spiegelt sich besonders in seinen Schriften »Soziologische Grundbegriffe. Eine Einführung für soziale Berufe« (1972b, inzwischen in 13. Auflage erschienen), »Handlungswert der Soziologie« (1977), »Soziologie der modernen Gesellschaft« 1980) wider. Für Oberstufenschüler stellte er die im Schöningh-Verlag erschienenen Bände »Soziales Handeln und soziale Normen« (1983) und »Abweichendes Verhalten. Kriminalität und andere soziale Probleme« (1984) zusammen. Auch in zwei zusammen mit Hans Braun herausgegebenen Readern rücken die »sozialen Probleme« in den Focus.

In diese Phase seines wissenschaftlichen Schaffens fällt auch sein Engagement im Vorstand der Deutschen Gesellschaft für Soziologie. Zwischen 1977 und 1981 übernahm er unter anderem die Redaktion der Zeitschrift SOZIOLOGIE.

Anfang der neunziger Jahre wandte sich Bellebaum dann verstärkt kultursoziologischen Fragestellungen zu. Seine zuweilen von ihm als Trilogie gedeuteten Schriften »Langeweile« (1990), »Schweigen und Verschweigen« (1992a), »Abschiede« (1992b) führten ihn bereits auf die »Spur des Glücks«. Nicht zufällig endet sein Buch »Abschiede« mit der Formulierung »Was könnte uns das Glück näherbringen als das Wissen von dem, was unglücklich macht«. Die 1990 – wie er zu sagen pflegte – vom Wein beflugelte Idee zur Gründung eines »Instituts für Glücksforschung« setzte er in die Tat um und ließ sich trotz öffentlicher Unkenrufe und anfänglicher disziplininterner Skepsis nicht beirren. Seit 1992 organisierte er mit vergleichsweise bescheidenen Mitteln zahlreiche Tagungen. Es gelang ihm, in nachahmenswerter Weise jeweils die Tagungen zu publizieren: unter anderem »Glück und Zufriedenheit« (1992c), »Lebensqualität« (Bellenbaum, Barheier 1994), »Vom guten Leben« (1994), »Leseglück« (Bellebaum, Muth 1996), »Glücksvorstellungen« (Bellenbaum, Barheier 1997), »Staat und Glück« (Bellebaum, Braun, Groß 1998), »Ökonomie und Glück« (Bellebaum, Schaaff, Zinn 1999), »Was Du nicht willst, das man dir tu'…« (Bellebaum, Niederschlag 1999), »Glücksverheißungen. Heilige Schriften der Menschheitsgeschichte« (Bellebaum, Schallenberg 2005). In dieser Zeit erlangte Bellebaum weit über den Wissenschaftskontext hinaus Bekanntheit. 2006 entschloss er sich zur Schließung seines Instituts. Nur wenige Jahre später erschien ein zusammen mit Robert Hettlage herausgegebener Band »Glück hat viele Gesichter« (2010), der gleichsam die Quintessenz seiner langjährigen Glücksforschungen bündelte. Bellebaum unterstrich stets die »Vielfältigkeit des Glücks«, der nur interdisziplinär beizukommen sei.

Fast bis zum 90. Lebensjahr entfaltete Bellebaum eine wissenschaftliche Aktivität, die ihresgleichen sucht. In der letzten Werkphase widmete er sich zusammen mit dem Regensburger Soziologen Hettlage wieder verstärkt kultursoziologischen Themen zu. Gemeinsam edierten sie die sehr lesenswerten Bände »Missvergnügen. Zur kulturellen Bedeutung von Betrübnis, Verdruss und schlechter Laune« (2012), »Unser Alltag ist voll von Gesellschaft« (2014). »Alltagsmoralen. Die kulturelle Beeinflussung der fünf Sinne« (2016), »Religion. Spurensuche im Alltag« (2016). »Der Augenblick. Kulturwissenschaftliche Erkundungen« (2019). Dabei beeindrucken die Beiträge Bellebaums ganz besonders durch ihre Alltagsnähe wie durch den Fundus schlagender der Alltagswelt entnommener Beispiele. In all den unter seiner Ägide herausgegebenen Fachbüchern verstand er es, sehr namhafte Mitautoren zu gewinnen.

Er verfügte über die seltene Gabe, in Gesprächen spontan Ideen für interessante wissenschaftliche Projekte zu entwickeln. Gesundheitlich bedingt war es ihm zuletzt nicht mehr möglich, sie alle weiterzuverfolgen. Am 25. Oktober kam für Bellebaum der »Augenblick« des endgültigen Abschiednehmens.

Klaus Barheier

Literatur

Bammé, Arno 2016: Nachwort: »Der vierfache Tönnies«. In Alfred Bellebaum, Das soziologische System von Ferdinand Tönnies unter besonderer Berücksichtigung seiner soziographischen Untersuchungen. Herausgegeben und mit einem Nachwort versehen von Arno Bammé. München, Wien: Profil-Verlag, 205–222.

Bellebaum, Alfred 1966: Das soziologische System von Ferdinand Tönnies unter besonderer Berücksichtigung seiner soziographischen Untersuchungen, Meisenheim am Glan: Hain.

Bellebaum, Alfred (Red.) 1972a: Die moderne Gesellschaft. Formen des menschlichen Zusammenlebens: Familie, Beruf und Freizeit, Verkehr, Wirtschaft und Politik, Umwelt und Planung. Freiburg, Basel, Wien: Herder.

Bellebaum, Alfred 1972b: Soziologische Grundbegriffe. Eine Einführung für soziale Berufe. Stuttgart, Berlin, Köln: Kohlhammer.

Bellebaum, Alfred 1980: Soziologie der modernen Gesellschaft. Hamburg: Hoffmann und Campe.

Bellebaum, Alfred 1983: Soziales Handeln und soziale Normen. Paderborn: Schöningh.

Bellebaum, Alfred 1984: Abweichendes Verhalten. Kriminalität und andere soziale Probleme. Paderborn: Schöningh.

Bellebaum, Alfred 1992a: Schweigen und Verschweigen. Bedeutungen und Erscheinungsvielfalt einer Kommunikationsform. Opladen: Westdeutscher Verlag.

Bellebaum, Alfred 1992b: Abschiede. Trennungen im Leben. Wien: Deuticke.

Bellebaum, Alfred (Hg.) 1992c: Glück und Zufriedenheit. Ein Symposion. Opladen: Westdeutscher Verlag.

Bellebaum, Alfred 2001: Soziologische Grundbegriffe. Eine Einführung für soziale Berufe. Stuttgart, Berlin, Köln: Kohlhammer.

Bellebaum, Alfred / Barheier, Klaus (Hg.) 1994: Lebensqualität. Ein Konzept für Praxis und Forschung. Opladen: Westdeutscher Verlag.

Bellebaum, Alfred / Barheier, Klaus (Hg.)1997: Glücksvorstellungen. Ein Rückgriff in die Geschichte der Soziologie. Opladen: Westdeutscher Verlag.

Bellebaum, Alfred / Braun, Hans /Groß, Elke (Hg.) 1998: Staat und Glück. Politische Dimensionen der Wohlfahrt. Opladen: Westdeutscher Verlag.

Bellebaum, Alfred / Hettlage, Robert 2010: Glück hat viele Gesichter. Annäherungen an eine gekonnte Lebensführung. Wiesbaden: VS.

Bellebaum, Alfred / Hettlage, Robert (Hg.) 2012: Missvergnügen. Zur kulturellen Bedeutung von Betrübnis, Verdruss und schlechter Laune. Wiesbaden: Springer VS.

Bellebaum, Alfred / Hettlage, Robert (Hg.) 2014: Unser Alltag ist voll von Gesellschaft. Sozialwissenschaftliche Beiträge. Wiesbaden: Springer VS.

Bellebaum, Alfred / Hettlage, Robert (Hg.) 2016: Religion. Spurensuche im Alltag. Wiesbaden: Springer Fachmedien.

Bellebaum, Alfred / Hettlage, Robert (Hg.) 2019: Der Augenblick. Kulturwissenschaftliche Erkundungen. Wiesbaden: Springer Fachmedien.

Bellebaum, Alfred / Muth, Ludwig (Hg.) 1996: Leseglück. Eine vergessene Erfahrung? Opladen: Westdeutscher Verlag.

Bellebaum, Alfred / Niederschlag, Heribert (Hg.) 1999: Was Du nicht willst, daß man Dir tu'… Die Goldene Regel – ein Weg zu Glück? Konstanz: UVK.

Bellebaum, Alfred / Schaaff, Herbert / Zinn, Karl Georg (Hg.) 1999: Ökonomie und Glück. Beiträge zu einer Wirtschaftslehre des Guten Lebens. Opladen: Westdeutscher Verlag.

Bellebaum, Alfred / Schallenberg, Peter (Hg.) 2005: Glücksverheißungen. Heilige Schriften der Menschheitsgeschichte. Münster: Aschendorff.

In memoriam Cornelia Helfferich (18. Juli 1951 – 23. November 2021)

Am 23. November 2021 ist Cornelia Helfferich im Alter von 70 Jahren verstorben. Viele Nachrufe sind mittlerweile auf diese herausragende Wissenschaftlerin erschienen und auch wir, die Sektion Frauen- und Geschlechterforschung und die Sektion Methoden der qualitativen Sozialforschung wie die Deutsche Gesellschaft für Soziologie möchten Cornelia Helfferich würdigen und trauern um sie.

Cornelia Helfferich, von Kolleg*innen Nena genannt, war fast 40 Jahre Mitglied der Sektion Frauen- und Geschlechterforschung. Auch der im Jahr 2003 gegründeten Sektion Methoden der qualitativen Sozialforschung stand Cornelia Helfferich von Beginn an nah. Mit ihrem Namen verbindet sich ein ausgesprochen breites Spektrum an Forschungsthemen im Bereich der Frauen- und Geschlechterforschung. Dazu gehören Studien zu Jugend und Geschlecht, Frauen und (reproduktive) Gesundheit, sexualisierte Gewalt im Geschlechter- und Generationenverhältnis, Familienplanung im Leben von Frauen und Männern in Deutschland sowie in verschiedenen europäischen Ländern. Methodenentscheidungen traf sie stets gegenstandsorientiert und kombinierte Methoden des Messens mit jenen des Rekonstruierens, wann immer dies dem Erkenntnisgewinn dienlich war. Diese Verknüpfung resultierte aus ihren beiden Leidenschaften, wie Trutz von Trotta es in seiner Rede zur Verleihung des Helge Pross Preises an Cornelia Helfferich im Jahr 2007 formuliert: die Leidenschaft der Mathematikerin für das Numerische und die Leidenschaft der Ethnographie für differenzierte und genaue Beobachtungen. Die Grundlagen legte sie dafür in ihrem Studium von Soziologie, Mathematik, Philosophie und Ethnografie an den Universitäten Göttingen und Freiburg.

Nicht nur war sie insofern eine Pionierin, als sie die oftmals bestehenden Vorbehalte der Frauen- und Geschlechterforschung gegen quantitative Forschungsdesigns überwunden hat, sondern sie hat bereits Mixed Methods Designs entwickelt, als dieser Begriff in der deutschen Soziologie noch kaum eine Rolle spielte. Für die Professionalisierung qualitativer Forschungsmethoden sind Cornelia Helfferichs Arbeiten von unschätzbarem Wert. Wer kennt und nutzt nicht ihr Werk »Die Qualität qualitativer Daten« (2011), das weit mehr ist als *nur* eine praktische Handreichung für die Durchführung von nicht-standardisierten Interviews. Es bietet auf Basis eines interaktionstheoretischen Modells des Interviews eine überzeugende Argumentation für ein reflexives Methodendesign, das mehr als den bloßen Inhalt des Interviews die Rekonstruktion von Sinn fokussiert und dabei die Situation des Interviews selbst in die Analyse einbezieht.

Ihre reflexive und gesellschaftskritische Grundhaltung zeigte sich nicht nur in der Entwicklung und Anwendung von Methoden in der Forschungspraxis, sie bezogen sich immer auch auf die theoretischen und methodischen Grundlagen des sozialwissenschaftlichen Forschens. So stellte sie sich den methodologischen Herausforderungen der Genderforschung (wie kommt man der Bedeutung von Geschlecht empirisch auf die Spur, ohne die Existenz und Wirkmacht von Geschlechterdifferenzen zu reifizieren?) ebenso wie jenen der Gewaltforschung (wie kann Gewalt als Gewalt erkannt und forschungsethisch behutsam untersucht werden?).

1994 promovierte sie mit einer Studie über »Jugend, Körper und Geschlecht«, in der sie insbesondere die körperlichen Praktiken von adoleszenten Mädchen und Jungen für die Bewältigung von Adoleszenzkonflikten untersuchte. Von 1995 bis 2016 war sie Professorin für Soziologie an der Evangelischen Hochschule Freiburg. Den institutionellen Rahmen für ihre Forschungsarbeiten hat Cornelia Helfferich oftmals gleich selbst geschaffen. So gründete sie 1996 das *SoFFI F.*, das Sozialwissenschaftliche FrauenForschungsInstitut (ab 2007 Freiburger Sozialwissenschaftliches Forschungsinstitut für Geschlechterfragen genannt), das sie auch leitete. Regelmäßig wurden in diesem Kontext Studien zu Familie und Familienplanung im Auftrag der Bundeszentrale für gesundheitliche Aufklärung erhoben, die einen breiten Wissensfundus zu allen Fragen der Familienplanung wie Verhütung, Schwangerschaft, Schwangerschaftsabbruch, Geburt und reproduktive Gesundheit bereitstellen. Richtete sich der Blick zunächst auf die Lebenslagen und Familienplanung von Frauen, so erweiterte er sich ab 2002 systematisch auf Männer. Ein weiteres zentrales Thema ist Gewalt in Paarbeziehungen und sexuelle Gewalt gegen Kinder und Jugendliche. Auch in diesem Bereich hat Cornelia Helfferich mit ihren Kolleg*innen zahlreiche wegweisende Studien vorgelegt.

Gebündelt hat sie ihre Erkenntnisse zur Familienplanung im ost-westdeutschen Vergleich in ihrer Habilitationsschrift »Geschlechterbeziehungen im Lebenslauf: Von der ersten Liebe bis zum letzten Kind. Grundlegung einer Soziologie der Familienplanung« mit der sie 2013 die Venia Legendi für Soziologie an der Albrecht-Ludwigs-Universität Freiburg erwarb. Im Jahr 2017 hat sie Teile der Habilitationsschrift unter dem Titel »Familie und Geschlecht. Eine neue Grundlegung der Familiensoziologie« publiziert. Ihr

Ziel war es, die bezüglich Geschlecht konservative Familiensoziologie mit diesem Buch auf den Kopf zu stellen und um eine grundlegende Perspektive zu erweitern, so schreibt sie in der Ankündigung des Buches. Der Kernsatz lautet: »Die Konstitution von Familie konstituiert Geschlecht und umgekehrt.« (Helfferich 2017: 9). Mit Rekurs auf das Habitus- und Klassenkonzept von Pierre Bourdieu formulierte sie eine überzeugende Verknüpfung von Familien- und Geschlechtersoziologie unter der Perspektive der Reproduktion sozialer Ungleichheiten.

Cornelia Helfferich hat viele Mitglieder beider Sektionen durch ihre forschungsorientierte Lehre geprägt und ihnen die Grundlagen zur Durchführung von insbesondere anspruchsvollen qualitativen Forschungsprojekten vermittelt. So entwickelte sie den forschungsorientierten Master-Studiengang Soziale Arbeit, den sie von 2007 bis 2016 leitete. Dazu gehört nicht nur das eingangs genannte Manual für die Durchführung von Interviews, sondern auch die Auswertung des empirischen Materials als Agency-Analyse. Die Herausforderungen der Forschungen zum Thema Gewalt hat sie 2016 gemeinsam mit Kolleg*innen in einem weiteren »Forschungsmanual Gewalt« gebündelt (Helfferich, Kavemann, Kindler 2016). Aus ihrem Engagement in der Lehre resultierte natürlich auch die Förderung des wissenschaftlichen Nachwuchses, für viele Wissenschaftler*innen unserer beiden Sektionen sind ihre methodologisch-methodischen Herangehensweisen sehr prägend.

Trotz ihres unglaublichen Arbeitspensums in den unterschiedlichen Forschungsprojekten und als Professorin an einer Hochschule hat sich Cornelia Helfferich in der akademischen Selbstverwaltung hoch engagiert. Nicht nur hat sie, wie beschrieben, das SoFFI F. geleitet, sondern war an der Evangelischen Hochschule Freiburg von 1998 bis 2007 Prorektorin für besondere Aufgaben und von 2003 bis 2007 Dekanin eines Fachbereiches.

Auch nach der Emeritierung hat Cornelia Helfferich weiter geforscht. Seit November 2020 ist das SoFFI F. Partner beim Verbundprojekt ELSA, das die Erfahrungen und Lebenslagen ungewollt Schwangerer erforscht und Angebote an Beratung und Versorgung untersucht. Das Ziel des Projektes ist die Verbesserung der gesundheitlichen psychosozialen Versorgung ungewollt schwangerer Frauen. Auch dieses Projekt steht wiederum in der Tradition, die für das Forschungsprogramm von Cornelia Helfferich zentral ist: Mit der Forschung wichtige Erkenntnisse für die Praxis bereitzustellen, um die Lebenssituation von Frauen zu verbessern und zugleich Wege zu eröffnen, soziale Ungleichheiten im Geschlechterverhältnis abzubauen. Anlässlich ihres 70. Geburtstags sollte die Festschrift »Beiträge zur Forschung zu

Geschlechterbeziehungen, Gewalt und private Lebensformen. Disziplinäres, Interdisziplinäres und Essays« erscheinen (Doll et al. 2022). Mit dieser Publikation wollten die Herausgebenden Daniel Doll, Barbara Kavemann, Bianca Nagen und Adrian Etzel Cornelia Helfferich ehren, ihr Lebenswerk würdigen und Anschlüsse und Weiterentwicklungen ihrer Themen und methodischen Vorgehensweisen dokumentieren. Nun wird das Buch gleichzeitig ein Nachruf und ein Vermächtnis sein, sowohl an ihre methodologisch-methodischen Ansätze als auch an ihre vielfältigen thematischen Studien produktiv anzuknüpfen.

Sylka Scholz und Heike Greschke

Literatur

Doll, Daniel / Kavemann, Barbara / Nagel, Bianca / Etzel, Adrian (Hg.) 2022: Beiträge zur Forschung zu Geschlechterbeziehungen, Gewalt und private Lebensformen. Disziplinäres, Interdisziplinäres und Essays. Opladen: Barbara Budrich.

Helfferich, Cornelia 1994: Jugend, Körper und Geschlecht. Opladen: Leske + Budrich.

Helfferich, Cornelia 2011: Die Qualität qualitativer Daten. Manual für die Durchführung qualitativer Interviews. 4. Auflage. Wiesbaden: Springer VS.

Helfferich, Cornelia 2017: Familie und Geschlecht. Eine neue Grundlegung der Familiensoziologie. Konstanz: UTB.

Helfferich, Cornelia / Kavemann, Barbara / Kindler, Heinz 2016: Forschungsmanual Gewalt. Grundlagen der empirischen Erhebung von Gewalt in Paarbeziehungen und sexualisierter Gewalt. Wiesbaden: Springer VS.

von Trotta, Trutz 2007: Helge Pross-Preis 2007 der Universität Siegen an Cornelia Helfferich. Soziologie, 36. Jg., Heft 4, 417–419.

In memoriam Carlo Mongardini (23. Oktober 1938 – 19. Juli 2021)

Der bestürzend plötzliche Tod des *Professore emerito* Carlo Mongardini riss diesen aus einer Fülle weiterer Pläne. Wenige Monate zuvor war er – ein Genie der Stiftung von Beziehungen – zum Präsidenten der neugegründeten *Consulta per la Cultura* von Grottaferrata ernannt worden, wo er und seine Familie seit langem wohnen. Es mag merkwürdig erscheinen, dass vor der Entfaltung seiner vielseitigen akademischen Meriten die nur kurze Zeit seines kommunalen Engagements erwähnt wird, von dem der Bürgermeister, Luciano Andreotti, seiner Aktivitäten gedenkend hervorhob, wie viele neue Impulse von dem rührigen und, wie man heute gerne sagt, »gut vernetzten« Soziologen zu erwarten gewesen wären. Der Grund für diese erste Erinnerung liegt darin, dass dieses Engagement seinem Lebenswerk nicht fernstand. Es handelte sich um den Versuch, an diesem herausgehobenen, zwischen Bergen und Meer liegenden Ort südlich von Rom, den in Amalfi begonnenen und wegen der Finanzkrise seitens der Hauptsponsoren abgebrochenen internationalen sozialwissenschaftlichen Austausch fortsetzen zu können. Das führt uns nochmals Carlo Mongardinis unverdrossene Aktivitäten vor Augen, obwohl doch sein im Jahre 2016 von vielen Kolleginnen und Kollegen sehr unterstützter Versuch – angestoßen durch einen *letter for Europe* –, in der Villa Vigoni eine interdisziplinäre und internationale Plattform für die Sozialwissenschaften zu etablieren, um die »Idee Europas« [!] zu retten, nicht erfolgreich gewesen war. Leider hatte das an diesem wunderbaren Ort des intellektuellen Austausches, der den Namen »Deutsch-italienisches Zentrum für den europäischen Dialog« führt, keinen Erfolg.

Carlo Mongardini lehrte nach Studium und Promotion an der römischen *Università La Sapienza* seit 1961 als Professor zuerst an den Universitäten von Salerno und Catania sowie als *Professore straordinario* an der Fakultät für Architektur des *Politecnico di Milano* – einer Stadt, in der er als Lehrbeauftragter an der *Università Cattolica del Sacro Cuore* von 1985 bis 1990 Methoden der empirischen Sozialforschung vermittelt hat. Die längste Zeit seiner universitären Laufbahn war er allerdings von 1983 bis zu seiner Emeritierung im Jahre 2011 Ordinarius für Soziologie und Politische Wissenschaft an der *Facoltà di Scienze Politiche* der Universität *La Sapienza*, wo er auch das Doktorandenseminar für die »Soziologie der Kultur und der politischen Prozesse« gegründet und geleitet hat. Parallel dazu war er von 1992 bis 2012 permanenter Dozent für Kommunikationssoziologie und Politische Wissenschaft an der

Libera Università Maria SS. Assunta (LUMSA), der vatikanischen Universität für Sozialwissenschaften. Seine internationalen Kontakte führten zu Gastaufenthalten an der Pariser *École des Hautes Études des Sciences Sociales* sowie in Harvard, Princeton, New York, Washington, Leipzig, Dresden und Wien. Auch war er Mitglied in vielen wissenschaftlichen Beiräten und ein Jahrzehnt lang der Koordinator der Sektion für Soziologische Theorie und soziale Transformationen der *Associazione Italiana di Sociologia.*

Die wichtigste und wirkungsmächtigste der vielfältigen Aktivitäten Carlo Mongardinis war allerdings der von ihm in Zusammenarbeit mit der genannten Sektion und einigen Kollegen ins Leben gerufene *Premio Europeo Amalfi per la Sociologia e le Scienze Sociali.* Er wurde, mit einigen Unterbrechungen, von 1988 bis 2010 jährlich für ein herausragendes Werk im Rahmen einer Konferenz in Amalfi verliehen. Preisträger waren unter anderem Norbert Elias, Serge Moscovici, Zygmunt Bauman, M. Rainer Lepsius und Wolfgang J. Mommsen, Charles Tilly, Raymond Boudon, François Furet, Niklas Luhmann, Alain Touraine oder Shmuel N. Eisenstadt.

Betrachtet man das umfangreiche Werk Carlo Mongardinis, so geht es in den thematisch sehr weitgespannten, von ihm herausgegebenen und eingeleiteten Bänden der *Incontri Europei di Amalfi* um Beobachtungen aus diesem »Observatorium kultureller Phänomene«, dabei immer auch um die politisch-moralischen Koordinaten seiner eigenen Analysen und um die großen, nicht selten enttäuschten Erwartungen, die er mit der Idee und Wirklichkeit Europas verband. Hier wie auch in der Vielzahl seiner Monographien zeigten sich kulturkritische Grundmuster seiner Gesellschaftsanalyse. Ihre Wurzeln reichten historisch weit zurück in das politische Denken Europas. Besonders inspiriert wurde er von Machiavelli, Montesquieu und Hippolyte Taine, den »Machiavellisten« Vilfredo Pareto und Gaetano Mosca oder auch Robert Michels, schließlich von Georg Simmel und Max Weber, die ihm alle zu anregenden Zeugen wurden für seine Beobachtungen der modernen Gesellschaft.

Die Ambivalenz seiner kritischen Wahrnehmungen der gesellschaftlichen Entwicklungen teilte Carlo Mongardini mit den ihn begleitenden Klassikern der Soziologie. So wird man, was den Schlüssel zum Verständnis der Moderne angeht, an Webers, von John Stuart Mill inspirierte Rede vom »Polytheismus der Werte« erinnert – oder auch an dessen dunkle Vision einer bürokratisch perfektionierten Versorgung der Massen, die sich dereinst in ein »Gehäuse der Hörigkeit der Zukunft« zu fügen gezwungen sein würden, ohnmächtig »wie die Fellachen im altägyptischen Staat«. Auch das Bild einer bedrohlichen, der Kontrolle entwachsenen Massengesellschaft hat er – angeregt nicht nur von Gustave Le Bon – vielfältig thematisiert. Etwa ging ja auch Georg Simmel geradezu davon aus, dass die Soziologie als neue Disziplin notwendig geworden sei eben wegen der in den rasant sich vergrößernden Städten präsenten und sichtbar gewordenen Massen. Man findet am Beginn des 20. Jahrhunderts diese Spannungslagen von Bejahung und Bedrohung noch bei vielen weiteren Repräsentanten des neuen Faches Soziologie. Alle derart spannungsgeladenen Denker waren für Carlo Mongardini Zeugen eines Ordnungsverlustes, der ihn – wie seine erwähnten soziologischen Gewährsleute – jedoch nicht zu einem Feind der Moderne machte, wohl aber zum ›Therapeuten‹ einer Entpersönlichung, wie sie etwa auch von Theodor W. Adorno oder Arnold Gehlen beklagt wurde; Max Weber sprach, nicht weniger pessimistisch, von »Verunpersönlichung«. Später kam das Thema der Bedrohung normativer Sicherheiten im Horizont der Globalisierung oder – mit Ulrich Beck zu sprechen – des ideologischen »Globalismus« hinzu (diesem Gedanken stehen viele Arbeiten Carlo Mongardinis nahe).

Gefühle der Dekadenz in allen historischen Epochen voraussetzend, waren Carlo Mongardinis Arbeiten vor allem der Analyse grundlegender Krisenphänomene in der, wie auch er es formulierte, »*Spät*moderne« gewidmet. Dabei vermutete er, dass der Politik die allgemeine Geltung einer »Ideologie« fehle (man könnte auch von Synthesen schaffenden ›Leitideen‹ sprechen). Dafür fand er eine (gerade in heutigen aufgeregten Zeiten aktuelle) Bestätigung bei Hippolyte Taine: »Was eine politische Gesellschaft erhält, ist der Respekt ihrer Mitglieder, der einen für die anderen [und] der Beherrschten für die Herrschenden und der Herrschenden für die Beherrschten.« Das politische Geschehen in den europäischen Staaten erschien Carlo Mongardini also gekennzeichnet durch einen Legitimitätsverlust politischer Institutionen, in dem eine allgemeine Krise der Repräsentation und ein abgeschwächter politischer Werte-Konsens sichtbar würden. Das äußere sich auch im Erstarken »irrationaler« – rassistischer, nationalistischer und fundamentalistischer – Tendenzen. Deshalb suchte er kritisch nach rationalen Möglichkeiten einer Überwindung aller »regressiven Fundamentalismen«, die er zunehmend und vor allem durch den globalen, »extremen« und »wilden« Turbokapitalismus befördert sah. Dies übrigens in einer Zeit, in der religiöse Bindungen, welche lange noch zur Stärkung traditioneller soziopolitischer Ordnungen beigetragen haben, durch die zunehmende Säkularisierung und Rationalisierung wirkungsloser geworden seien. Politische

Überzeugungs- und Durchsetzungskraft erkläre sich immer weniger aus ideellen als aus »ökonomisch-technischen«, utilitaristischen Motiven. Auf der Seite der politischen Akteure äußere sich dieselbe Entwicklung in der Zunahme eines »voluntaristischen« Regierungsstils.

Vor diesem Hintergrund hat er sehr klar auch die prägende Macht einer inzwischen weltweiten Kommunikation unter den Bedingungen von Massengesellschaften beschrieben. Damit war auch ein Aspekt der alles bestimmenden Beschleunigung benannt, die schon Friedrich Nietzsche als essentiell für die von ihm erlebte Epoche gesehen hatte. Dessen Bild vom »Tode Gottes« sah Carlo Mongardini ergänzt durch den heutigen »Anspruch des Menschen, Gott zu werden«.

Er war ein europäischer Intellektueller, der so sehr hoffte, die Sache der europäischen Einheit voranzubringen, denn er war zutiefst skeptisch gegenüber der tatsächlichen Entwicklung der EU als einem Staatenverbund, in dem die Mitgliedsländer ihre partikularen Interessen durchzusetzen suchten. Neben einem politischen Voluntarismus beobachtete er die Zunahme einer »ökonomistischen Mentalität« und eines »individualistischen Utilitarismus«. Der politische Prozess sei »degeneriert«, es fehle an konsensstiftenden, dem *bonum commune* verpflichteten Ideen.

Carlo Mongardinis kritische Maßstäbe waren weder erfahrungslos noch idiosynkratisch. Vielmehr entsprachen sie, was die Idee und Aufgabe Europas im Allgemeinen und der Europäischen Union im Besonderen betrifft, den offiziellen, von ihm beim Wort genommenen Begründungen und Rechtfertigungen. Jedoch verleiteten die pessimistischen Deutungen ihn nicht zu einer ressentimentalen Abwendung von den neuesten Gesellschaftsentwicklungen. Ihm ging es vielmehr um Veränderungen in Richtung einer besseren Welt, in welcher der unheilvolle Dualismus zwischen Gesellschaft und »flexiblen Individuen« überwunden werden könnte. Seine Hoffnung war es, durch die Erkenntnis grundlegender Selbstgefährdungen der Menschheit die »Kraft des Individuums« zurückzugewinnen. Das schloss die Möglichkeit einer »essentiellen Wiederbelebung der Moderne« durch eine »neue Kultur der Freiheit und der Emanzipation« ein.

In diesem Geist hat Carlo Mongardini sich in immer neuen und inhaltlich differenten Bearbeitungen konkreter Aspekte dieser Gesamttendenzen einer problematisch gewordenen Kultur mit gesellschaftlichen Bedrohungen auseinandergesetzt. Wenn für ihn die Pluralisierungen und verunsichernden sozialen Dynamiken gleichermaßen verbunden waren mit einem Verlust sowohl der Geschichte als auch der Zukunft, könnte man – vergleichbar mit bestimmten Strömungen in der Römischen Kirche nach dem I. Vaticanum – einen zumindest latent feindlichen Antimodernismus vermuten. Diesem aber folgte Carlo Mongardini trotz seiner zuweilen ihn durchaus quälenden Beobachtungen und Prognosen gerade nicht. Stattdessen suchte er Wege aus allen diesen Krisenphänomenen durch seine Analysen, etwa der sozialen Ungleichheit, vor allem aber des Spannungsverhältnisses von Massengesellschaft auf der einen und einem Rückzugs-Individualismus (wie er besorgt auch von den US-amerikanischen *Communitarians* kritisiert worden ist) auf der anderen Seite. Das gelang ihm besonders, weil er entgegen allen nationalistischen Selbstbeschränkungen – man könnte sagen – eine »Flucht« nach Europa antrat und zwar im Vertrauen auf die ohnehin grenzenlos gedachte Wissenschaft. Schließlich sei erwähnt, dass er sich vielfältig als ein Vermittler zwischen der deutschen und italienischen Soziologie verdient gemacht hat.

All dies drückte sich – nicht trennbar von seiner unermüdlichen wissenschaftlichen Aufklärungsarbeit – auch in einer, keineswegs distanzlosen, Verankerung der eigenen Person in freundschaftlichen Beziehungen aus. Die Amalfi-Konferenzen verknüpften beides in produktiver und schönster Weise. So vermisst man dieses Forum der Kommunikation in der fast überblendenden Schönheit Amalfis – aber in viel höherem Maße noch wird der Freund und Kollege Carlo Mongardini immer schmerzlich vermisst bleiben.

Karl-Siegbert Rehberg und Johannes Weiß

Habilitationen

Dr. Sebastian Kurtenbach hat sich am 17. Februar 2021 an der der Fakultät für Sozialwissenschaft der Ruhr-Universität Bochum habilitiert. Die Habilitationsschrift trägt den Titel »Systematisierung räumlicher Einflüsse auf soziales Handeln. Diskutiert am Beispiel der sozialen Legitimation von Gewalt«. Die venia legendi lautet Soziologie, insbesondere Stadt und Migration.

Dr. Alexander Schmidl hat sich am 14. Juli 2021 an der Friedrich-Alexander-Universität Erlangen-Nürnberg habilitiert. Die Habilitationsschrift trägt den Titel »Relationen. Eine postphänomenologische Soziologie der Körper, Technologien und Wirklichkeiten«. Die venia legendi lautet Soziologie.

Dr. Franka Schäfer hat sich am 4. Oktober 2021 an der FernUniversität Hagen habilitiert. Die Habilitationsschrift trägt den Titel »Diskurs : Ereignis : Praxis – Entwurf eines am Ereignisbegriff orientieren Forschungsprogramms zur Überwindung der Dichotomie von Diskurs- und Praxistheorien am Beispiel einer Praxissoziologie des Protests«. Die venia legendi lautet Soziologie.

Dr. Carsten Heinze hat sich am 18. Oktober 2021 an der Alpen-Adria-Universität Klagenfurt habilitiert. Die Habilitationsschrift trägt den Titel »Medialisierungsformen des Gesellschaftlichen. Vom sozialen Erfahrungsraum zur medialisierten Erfahrung des Sozialen in der Moderne«. Die venia legendi lautet Medien- und Kommunikationswissenschaft.

Dr. Denisa Butnaru hat sich am 15. Dezember 2021 an der Universität Konstanz habilitiert. Die Habilitationsschrift trägt den Titel »Deviant Bodies. Extended Bodies – How Exoskeletal Devices Reshape Corporealities and Their Phenomenologies in Social Contexts«. Die venia legendi lautet Soziologie.

Dr. Walter Bartl hat sich am 15. Dezember 2021 an der Martin-Luther-Universität Halle-Wittenberg habilitiert. Die Habilitationsschrift trägt den Titel »Räumliche Ungleichheit wie ein Föderalstaat sehen und intervenieren: Genese, Konflikte und Folgen einer quantifizierenden Territorialpolitik in Deutschland«. Die venia legendi lautet Soziologie.

Dr. Oliver Berli hat sich am 26. Januar 2022 an der Universität zu Köln habilitiert. Die Habilitationsschrift trägt den Titel »Soziologie des Unterscheidens. Beiträge zu Praktiken des Unterscheidens in Kultur und Wissenschaft«. Die venia legendi lautet Soziologie.

Call for Papers*

Wissenschaft und Technologie kommunizieren. Kontroversität, Dialog und Partizipation

5. Tagung des Interdisziplinären Nachwuchsnetzwerks für Wissenschafts- und Technikforschung (INSIST) am 6. und 7. Oktober in Berlin

Der gesellschaftliche und technische Wandel stellt neue Anforderungen an die Wissenschaft. Sie soll sich sowohl öffnen und Partizipationsmöglichkeiten anbieten als auch engagiert sein und sich einmischen. Dies hat zu einer Intensivierung und Professionalisierung der Kommunikation von Hochschulen, Wissenschaftsorganisationen und individuellen Wissenschaftler*innen sowie zu neuen Formen der Kollaboration geführt. Diese Entwicklungen treffen aber nicht auf eine monolithisch institutionalisierte Wissenschaft: Auch internationale Technologie-Unternehmen, gesellschaftlich aktive NGOs, philanthropische Stiftungen sowie Kulturinstitutionen wie Museen und Archive sind bemüht, die neue Stellung der Wissenschaft in der Gesellschaft mitzugestalten.

Durch den technologischen Wandel vervielfältigen sich seit Mitte des 20. Jahrhunderts sowohl die individuellen als auch die kollektiven Risiken. An der gesellschaftlichen Verhandlung von Themen wie dem menschengemachten Klimawandel, der transformativen Digitalisierung und der partizipativen Gesundheitsforschung wird deutlich, dass Wissenschaftskommunikation über die verständliche Darstellung wissenschaftlicher Erkenntnisse hinausgeht und die Kommunikation von Wissenschaft und die Kommunikation von Technologie kaum noch voneinander zu trennen sind. Moralisch-ethische Bedenken, emotionale Dispositionen sowie Gerechtigkeitsvorstellungen und politische Orientierung spielen mittlerweile eine ebenso wichtige Rolle wie nachweisbare Fakten, objektive Methoden und wissenschaftliche Rationalität.

* *Anm. der Redaktion:* Bitte prüfen Sie, ob sich Veranstaltungstermine oder Deadlines aufgrund der Corona bedingten Regelungen geändert haben.

Die Vervielfältigung der Themen, Formate und Akteur*innen der Wissenschafts- und Technologiekommunikation scheint mit einer Pluralisierung von epistemischer Autorität und Verantwortung einherzugehen. Diese Vielstimmigkeit, die sich vor allem in digitalen Räumen abspielt, lässt den Eindruck eines komplexen Deutungskampfes aufkommen, der nicht mehr allein mit dem sogenannten Defizit-Modell der Wissenschafts- und Technologiekommunikation darstellbar ist. Die hier sichtbar werdende Krise der Expertise geht also über ein Verständnisdefizit auf Seiten der Nicht-Expert*innen hinaus und verweist auf andere, komplexere Herausforderungen wie beispielsweise: Wie können wissenschaftliche Erkenntnisse konkret in politökologisches Handeln übersetzt werden? Wie gelingt es, naturwissenschaftliches und gesellschaftswissenschaftliches Wissen zusammenzubringen und in Entscheidungsfindungsprozesse einzubinden, zum Beispiel in einer unübersichtlichen Katastrophensituation wie einer Pandemie? Wie wird Expertise in der Wissenschafts- und Technologiekommunikation verhandelt, organisiert und dargestellt? Wie können Praxis und Theorie der Wissenschafts- und Technologiekommunikation wirkungsvoll und nachhaltig miteinander verbunden werden?

In diese von Vielstimmigkeit geprägte Konstellation mischt sich eine weitere Schwierigkeit: Wissenschafts- und Technologiekommunikation soll auf der einen Seite helfen, Vertrauen und Verständnis zu generieren; auf der anderen Seite wachsen allerdings Zweifel und Misstrauen gegenüber wissenschaftlichem Wissen und technologiebasierten Problemlösungsangeboten. Neben den eigentlichen inhaltlichen Problemen wird Wissenschafts- und Technologiekommunikation selbst zu etwas Kontroversem. Diese Entwicklung hat in der vergangenen Dekade zur Verringerung von Konsensfähigkeit, zur gesellschaftlichen Polarisierung und zur Popularisierung der institutionellen Misstrauensfrage gegenüber Politik und Wissenschaft beigetragen. Die Bewältigung dieser Herausforderungen übersteigt die Kompetenzen der Wissenschaft, zumindest in der Form, wie sie derzeit gesellschaftlich verstanden und wahrgenommen werden. Es ist also eine wichtige und dringende Aufgabe, jene von Kontroversität geprägten Akteur*innen, Arenen und Praktiken zu erfassen, ihre Materialität und Heterogenität zu beschreiben und auf Grundlage dessen Dialog und Partizipation in den Öffentlichkeiten der Wissenschafts- und Technologiekommunikation praktisch zu gestalten.

Die 5. INSIST-Tagung in Berlin möchte diese Strukturen und Dynamiken von Wissenschafts- und Technologiekommunikation reflektieren und lädt Nachwuchswissenschaftler*innen und Praktiker*innen dazu ein, sich an dieser Diskussion zu beteiligen. Wir fragen nach Beiträgen, die dieses Anliegen aus fachspezifischen, inter- oder transdisziplinären Perspektiven beleuchten. Beiträge theoretisch-konzeptioneller Art sind ebenso willkommen wie empirische Fallbeispiele und historische Betrachtungen. Die Beiträge können unter anderem folgende Fragen in den Blick nehmen, sind aber nicht auf diese beschränkt.

Kontroversität und Diskussionskultur

- Wie stellen sich Wissenschafts- und Technologiekommunikation und deren Kontroversität historisch dar? Welche Zäsuren und Parallelen gibt es zur momentanen Situation?
- Welche Rolle spielen voneinander abweichende Vorstellungen darüber, was Wissenschaft und Technologie sind und leisten sollten?
- Welchen Formen der Ethisierung von Wissenschaft und Technologie sind zu beobachten und welche Probleme verursachen diese in der Kommunikation?
- Welche Strategien gibt es, Wissenschafts- und Technologiekontroversen zu öffnen beziehungsweise zu schließen?

Dialog und Vielstimmigkeit

- Wie stellt sich Wissenschafts- und Technologiekommunikation in spezifischen Wissenschafts- und Technologiefeldern dar?
- Welche Modi und Orte sind spezifisch? Welche Positionen wollen GLAM-Institutionen (Galleries, Libraries, Archives, Museums) in dem Feld einnehmen?
- Wie hängt die Kommunikation von Wissenschaft und Technologie mit der zunehmenden Skepsis ihnen gegenüber zusammen? Wo und wie äußern sich verschiedene Formen von Wissenschaftsskepsis und Wissenschaftsgläubigkeit beziehungsweise Szientismus in der Kommunikation?
- Wie werden Expertisehierarchien ausgehandelt und wie werden Gegenexpertisen in Stellung gebracht?
- Welche Rolle spiel(t)en politische Instanzen und wirtschaftliche Interessen bei der Kommunikation von Wissenschaft und Technik? Wie nutz(t)en sie dieses Kommunikationsfeld, um ihr Handeln zu rechtfertigen und zu ermöglichen? Wie stellen sie Glaubhaftigkeit her?

Partizipation und Teilhabe

- Wie macht sich soziale Ungleichheit in der Kommunikation von Wissenschaft und Technologie bemerkbar? Wer soll angesprochen werden und wer wird ausgeschlossen? Wie wird hierdurch soziale Ungleichheit reproduziert? Welche Möglichkeiten gibt es, diese Ungleichheit zu überwinden und Partizipation zu ermöglichen?
- Welche Rolle spielen Identitäten und Kulturen in der Praxis der Wissenschafts- und Technologiekommunikation? Wie werden sie durch sie gestaltet, ausgedrückt und verhandelt?
- (Wie) können Partizipation an Wissenschafts- und Technologiekommunikation und die Partizipation an Wissenschafts- und Technologiegestaltung zusammen gedacht werden?
- Welche institutionelle und professionelle Rolle kann beziehungsweise sollte die Wissenschafts- und Technikforschung und STS gegenüber der Praxis von Wissenschafts- und Technologiekommunikation einnehmen?

Hinweise zur Einreichung

Neben klassischen Beitragsformaten wie (20-minütigen) Vorträgen oder Postern freuen wir uns auch über künstlerische Einreichungen oder formal freiere Beiträge, wie zum Beispiel Workshops und Diskussionsrunden. Willkommen sind konzeptionelle, empirische sowie methodologische Beiträge, die sich mit Wissenschafts- und Technikforschung sowie mit der Forschung über Wissenschafts- und Technologiekommunikation befassen; Gesellschafts- und Geisteswissenschaften sind hier genauso gemeint wie Ingenieur- und Naturwissenschaften und transdisziplinäre Perspektiven.

Bitte sendet eure Abstracts von max. 2.000 Zeichen und max. 5 Keywords bis **30. April 2022** im PDF-Format an: tagung2022@)insist-network.com. Die Tagung wird zum größten Teil in deutscher Sprache stattfinden; auf Wunsch können englische Vorträge eingereicht werden. Zu- beziehungsweise Absagen erhaltet ihr bis zum 31. Mai 2022.

Wir planen die Tagung in Berlin als Präsenzveranstaltung. Nichtsdestotrotz müssen wir uns vorbehalten, die Tagung in ein Online-Format umzuwandeln. Wir bemühen uns, stets zeitnah über die aktuelle Planungslage zu informieren, und bitten um Verständnis für etwaige Änderungen.

Kontakt: tagung2022@)insist-network.com

Tagungen

Katastrophenwissen – Wissenskatastrophen. Zur Affektdynamik des Katastrophischen

Tagung vom 3. bis 5. November 2022 an der Universität Zürich

Ob es sich um Vulkanausbrüche, das Artensterben, Industrieunfälle, Finanzkrisen oder um politisch-soziale Desaster handelt, ob sie plötzlich oder schleichend, vorhergesagt oder unerwartet eintreten, – Katastrophenereignisse bringen menschliche Handlungs- und Deutungsgewissheiten zum Einsturz; Katastrophenerwartungen stellen bestehende Ordnungen in Frage und konfrontieren die Gegenwart mit einer in radikalem Sinn ungewissen Zukunft. Das wissenschaftliche Wissen, wie es sich seit der frühen Neuzeit unter anderem in Universitäten, Gesellschaften und Akademien institutionalisiert hat, wird dadurch in seinen Deutungsansprüchen herausgefordert. Das betrifft auch Fragen der Darstell- und Imaginierbarkeit. Hier sind ästhetische Konzepte und künstlerische Verfahren gefordert, die im Angesicht der Katastrophe zugleich selbst an ihre Grenzen stoßen beziehungsweise diese über das bislang Undenkbare hinaus erweitern. Die interdisziplinäre Tagung fragt danach, wie Katastrophen und Katastrophenerwartungen die Ordnungen des Wissens verändert haben und in der Gegenwart verändern, wie sie ästhetisch verarbeitet, literarisch erzählt und im Erzählen geschürt, perpetuiert oder bewältigt werden.

Etymologisch gesehen verbindet der Begriff ›Katastrophe‹ die Idee des Fallens bzw. Stürzens (κατά, »nach unten«) mit jener des Umdrehens oder Umkehrens (στροφή). Er kann also mit Sprachbildern in Verbindung gebracht werden, die für die Darstellung wissenschaftlicher Brüche entscheidend sind, von Descartes' »tabula rasa« bis zu den zahlreichen »Turns« und »Paradigmenwechseln«, die heute zur Bezeichnung neuer Wissensordnungen ausgerufen werden. Solche Disruptionen des Wissens können als längst fällige Ablösung überkommener Weltdeutungen gefeiert werden; sie können aber auch massive Widerstände oder zögerliche Skepsis provozieren. Sie können von außen angestoßen werden, wie 1755 durch das berühmte Erdbeben von Lissabon, das den Fortschrittsoptimismus der Aufklärung erschütterte; sie können aber auch auf innere Krisen epistemischer Ordnungen reagieren. In beiden Fällen gehen sie mit dramatischen Kränkungen kollektiver Weltdeutungen einher.

Vor diesem Hintergrund gilt das Interesse der Tagung insbesondere den affektiven Dimensionen von Katastrophen: den Momenten des Schocks, der Erschütterung oder des Schreckens, die der Plötzlichkeit des Ereignisses entsprechen, ebenso wie der tiefgreifenden Verunsicherung, dem Staunen, der Neugier und dem Zweifel, die sich mit der Dauer der wissenschaftlichen oder auch künstlerischen Bewältigung der Katastrophe verbinden. Vorgesehen sind Beiträge zu den folgenden Themenfeldern:

- Katastrophen (und/oder die Bemühungen, sie zu vermeiden) als Herausforderung für die Wissenschaft;
- Desorganisation des Wissens, Prognostikversagen und das Auftauchen von ›falschen‹ Experten/Rettern;
- Pathos und Aisthesis: Schock, Schrecken, Staunen, Bewunderung und verwandte Affekte im Angesicht der Katastrophe;
- Katastrophenimaginationen und der Topos des Unvorstellbaren;
- Katastrophen erzählen;
- Katastrophenrhetorik und »Panikmache«.

Die interdisziplinäre Tagung wird organisiert vom SNF Sinergia-Projekt »The Power of Wonder«, das von Mireille Schnyder (Universität Zürich), Nicola Gess (Universität Basel), Ulrich Bröckling (Albert-Ludwigs-Universität Freiburg) und Hugues Marchal (Universität Basel) geleitet wird.

Die Konferenz soll in Präsenz und unter Einhaltung der zu dem Zeitpunkt geltenden Covid-19-Maßnahmen an der Universität Zürich stattfinden. Sollte dies nicht möglich sein, ist geplant, die Tagung in einem digitalen Format durchzuführen. Bei Fragen wenden Sie sich bitte an

Daniela Hahn
E-Mail: daniela.hahn@uzh.ch

Klaus Barheier, Wildbadstraße 200, D-56841 Traben-Trarbach, E-Mail: klaus.barheier@t-online.de

Prof. Dr. Manuela Boatcă, Albert-Ludwigs-Universität Freiburg, Institut für Soziologie, Rempartstraße 15, D-79085 Freiburg im Breisgau, E-Mail: manuela.boatca@soziologie.uni-freiburg.de

Prof. Dr. Ulrik Brandes, ETH Zürich, Department Geistes-, Sozial- und Staatswissenschaften, Weinbergstraße 109, CH-8092 Zürich, E-Mail: ubrandes@ethz.ch

Prof. Dr. Heike Greschke, Technische Universität Dresden, Institut für Soziologie, D-01062 Dresden, E-Mail: heike.greschke@tu-dresden.de

Dr. Michael Guggenheim, Goldsmiths, University of London, Department of Sociology, New Cross, London SE14 6NW, E-Mail: m.guggenheim @gold.ac.uk

Prof. Dr. Stefan Immerfall, Pädagogische Hochschule Schwäbisch Gmünd, Abteilung Soziologie, Oberbettringer Straße 200, D-73525 Schwäbisch Gmünd, E-Mail: Stefan.Immerfall@ph-gmuend.de

Prof. Dr. Moritz Klenk, Hochschule Mannheim, Fakultät für Gestaltung, Paul-Wittsack-Straße 10, D-68163 Mannheim, E-Mail: m.klenk@hs-mannheim.de

Prof. Dr. Stephan Lessenich, Institut für Sozialforschung an der Goethe-Universität Frankfurt, Senckenberganlage 26, D-60325 Frankfurt am Main, E-Mail: lessenich@soz.uni-frankfurt.de

Dr. Marius Meinhof, Universität Bielefeld, Fakultät für Soziologie, Universitätsstraße 25, D-33615 Bielefeld, E-Mail: marius.meinhof@uni-biele feld.de

Britta Menzel, M.A., Deutsches Jugendinstitut, Nockherstraße 2, D-81541 München, E-Mail: menzel@dji.de

Prof. Dr. Karl-Siegbert Rehberg, Technische Universität Dresden, Institut für Soziologie, D-01062 Dresden. E-Mail: ksrehberg@gmx.de

Prof. em. Dr. Bernhard Schäfers, Karlsruher Institut für Technologie, Institut für Soziologie, Medien- und Kulturwissenschaften, Schlossbezirk 12, D-76131 Karlsruhe, E-Mail: schaefers.bernhard@gmx.de

PD Dr. Tobias Schlechtriemen, Albert-Ludwigs-Universität Freiburg, Institut für Soziologie, Rempartstraße 15, D-79098 Freiburg im Breisgau, E-Mail: Tobias.Schlechtriemen@soziologie.uni-freiburg.de

Prof. Dr. Sylka Scholz, Friedrich-Schiller-Universität Jena, Institut für Soziologie, Carl-Zeiß-Straße 2, D-07743 Jena, E-Mail: sylka.scholz@uni-jena.de

Teresa Vielstädte, M.A., Universität Siegen, Department Erziehungswissenschaft, Adolf-Reichwein-Straße 2, D-57068 Siegen, E-Mail: teresa.vielstaedte@uni-siegen.de

Prof. Dr. Johannes Weiß, Bernhardistraße 11, D-34414 Warburg, E-Mail: jweiss@uni-kassel.de

Stephan Lessenich
Petite Auberge Aufbruch

Der Wechsel in der Leitung des Instituts für Sozialforschung bietet den Anlass für eine Reflexion auf die gegenwärtigen Möglichkeiten – und Grenzen – kritischer Sozialforschung. Der Beitrag analysiert die Mythenbildung rund um das Institut und seine »großen Namen« und zeichnet das Bild einer kritischen Wissenschaft in öffentlicher Verantwortung und gesellschaftstransformierender Absicht als Leitidee der zukünftigen Arbeit des IfS. Dem »Grand Hotel Abgrund«, dem das gesellschaftliche Leben im Spätkapitalismus gleicht, wird in diesem Sinne die »Petite Auberge Aufbruch« gegenübergestellt, die nun in Frankfurt ihre Pforten öffnet.

On the occasion of the changing directorship of the Institut für Sozialforschung, the contribution reflects on the possibilities – and limits – of critical social research today. It analyzes the myths surrounding the institute and the »great names« associated to it, and elaborates on the guiding idea of future research at the IfS: a critical social science living up to its public responsibility and pursuing the aim of societal transformation. In that sense, the metaphor of the »Grand Hotel Abyss«, symbolizing the social reality in late capitalism, is countered with the idea of a »Petite Auberge Breakup«, now opening its doors in Frankfurt.

Manuela Boatcă, Marius Meinhof
Postkoloniale Perspektivierung der Soziologie

Im vorliegenden Aufsatz strukturieren wir die seit 2018 in der SOZIOLOGIE geführte, anhaltende Diskussion um postkoloniale Soziologie anhand zentraler theoretischer Vorannahmen zu Raum, Wissen und Macht, sowie in Bezug auf zugrundeliegende Erkenntnisinteressen. Wir fokussieren uns auf Missverständnisse, die durch mangelnde Klärung theoretischer Vorannahmen entstehen können. Dabei gehen wir auf die für uns wesentlichen Argumente in der Debatte sowie auf die deutschsprachige postkoloniale Soziologie-Landschaft ein und plädieren für eine post- und dekoloniale Perspektivierung der Soziologie als Erkenntnismethode. Dies erlaubt aus unserer Sicht zweierlei: einerseits, blinde Flecken der Soziologie als Produkte eines bestimmten institutionellen Konstituierungsprozesses dieser Disziplin zu reflektieren; andererseits, die Soziologie systematisch als relationale, geschichtssensibilisierte, globale Soziologie der Macht neu zu denken.

In this essay, we structure the ongoing discussion on postcolonial sociology taking place in SOZIOLOGIE since 2018 in terms of key theoretical presuppositions about space, knowledge, and power, as well as in terms of underlying epistemological interests. We focus on the misunderstandings that can arise from a lack of clarification of theoretical presuppositions. In doing so, we address what we consider to be the main arguments in the debate as well as the German-language postcolonial sociology landscape and argue for a post- and decolonial perspectivization of sociology as an epistemological method. In our view, this allows for two things: on the one hand, to reflect on blind spots in sociology as products of a particular institutional constitutional process of this discipline; on the other hand, to systematically rethink sociology as a relational, historically sensitive, global sociology of power.

Symposion
Medien der Soziologie

Medien vermitteln die Möglichkeit von Alternativen. Texte müssen sich gegenüber Texten, aber auch gegenüber Bildern und Formeln behaupten. Und dasselbe gilt für Bilder, Formeln und das Gespräch. Es geht jeweils um die Phrasierung von Kommunikation und die Formierung von Einbildungskraft. Michael Guggenheim diskutiert Texte im Verhältnis zu Bildern, Zeichnungen und Fotografien. Moritz Klenk setzt Texte in ein Verhältnis zu Podcasts. Tobias Schlechtriemen untersucht Netzwerke als Beispiel jener bildlichen Vorstellungen, an denen sich die soziologische Einbildungskraft orientiert. Und Ulrik Brandes schaut sich genauer an, welche theoretischen Annahmen die Netzwerkforschung befähigen, Daten zu konstruieren.

Media convey the possibility of alternatives. Texts have to stand up to texts, but also to images and formulas. And the same is true for images, formulas, and conversation. In each case, it is about the phrasing of communication and the formation of imagination. Michael Guggenheim discusses texts in relation to images, drawings, and photographs. Moritz Klenk places texts in relation to podcasts. Tobias Schlechtriemen examines networks as an example of those almost visual imaginaries to which the sociological imagination is oriented. And Ulrik Brandes takes a closer look at which theoretical assumptions enable network research to construct data.

Bitte berücksichtigen Sie folgende Hinweise zur Textgestaltung:

Verwenden Sie *Fußnoten* nur für inhaltliche Kommentare, nicht für bibliographische Angaben. Geben Sie *Literaturhinweise im Text* durch Nennung des Autorennamens, des Erscheinungsjahres und ggf. der Seitenzahl in Klammern. Zum Beispiel (König 1962: 17).

Bei *bis zu drei Autor:innen* geben Sie alle Namen an und trennen durch Kommata; bei *mehr als drei Autor:innen* ergänzen Sie den ersten Namen um »et al.«. Kennzeichnen Sie *mehrere Titel pro Autor:in* und Erscheinungsjahr durch Hinzufügung von a, b, c … (König 1962a, 1962b).

Mehrere, aufeinander folgende Literaturhinweise werden durch Semikolon getrennt (König 1962: 64; Berger, Luckmann 1974: 137)

In der *Literaturliste am Schluss des Manuskriptes* führen Sie alle zitierten Titel alphabetisch nach Autorennamen und je Autor:in nach Erscheinungsjahr (aufsteigend) geordnet auf, bei mehreren Autor:innen alle namentlich durch Schrägstrich getrennt nennen. Geben Sie Verlagsort und Verlag an.

Bücher: Luhmann, Niklas 1984: Soziale Systeme. Grundriss einer allgemeinen Theorie. Frankfurt am Main: Suhrkamp.

Zeitschriftenbeiträge: Müller-Benedict, Volker 2003: Modellierung in der Soziologie – heutige Fragestellungen und Perspektiven. SOZIOLOGIE, 32. Jg., Heft 1, 21–36.

Beiträge aus Sammelbänden: Lutz, Helma 2003: Leben in der Twilightzone. In Jutta Allmendinger (Hg.), Entstaatlichung und soziale Sicherheit. Opladen: Leske + Budrich, 254–266.

Internetquellen: Stark, Philip B. / Freishtat, Richard 2014: An Evaluation of Course Evaluations. ScienceOpen Research, doi: 10.14293/S2199-1006.1.SOREDU.AOFRQA.v1.

oder Steffen, Wiebke 2003: Polizeilich registrierte Gewalttaten junger Menschen: Grund zu Furcht und Sorge? Sozialwissenschaften und Berufspraxis, 26. Jg., Heft 2, 135–148. https://nbn-resolving.org/urn:nbn:de:0168-ssoar-38044, letzter Aufruf am 27. April 2021.

Im Literaturverwaltungsprogramm *Citavi* können Sie unseren *Zitationsstil »Soziologie – Forum der Deutschen Gesellschaft für Soziologie«* nutzen. Fügen Sie Ihrem Manuskript bitte eine *deutsche* und eine *englische Zusammenfassung von maximal je 15 Zeilen*, sowie *Name, Titel* und *Korrespondenzadresse* bei. Schicken Sie Ihren Text bitte als .docx, .rtf oder .odt per E-Mail an die Redaktion der SOZIOLOGIE: soz-red@sozio.uni-leipzig.de.

Für *Berichte aus den Sektionen* beachten Sie bitte, dass der Text 7.500 Zeichen (inkl. Leerzeichen) nicht überschreiten sollte.